Norbert Kühne

Basiswissen Psychologie

für die sozialpädagogische Erstausbildung: Kinderpflege/Sozialassistenz

1. Auflage

Bestellnummer 04160

Bildungsverlag EINS

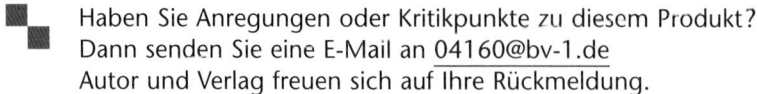

Haben Sie Anregungen oder Kritikpunkte zu diesem Produkt?
Dann senden Sie eine E-Mail an 04160@bv-1.de
Autor und Verlag freuen sich auf Ihre Rückmeldung.

www.bildungsverlag1.de

Bildungsverlag EINS GmbH
Sieglarer Straße 2, 53842 Troisdorf

ISBN 978-3-427-**04160**-3

Inhaltsverzeichnis

Einleitung

Marie und **Pepe** sollen Sie bei der Arbeit mit dem Buch begleiten. Sie finden beide Figuren immer wieder im Buch vor – das mag Sie dazu verleiten, sich in die Köpfe der beiden hineinzuversetzen. Die Beiträge von Marie und Pepe finden Sie am Anfang jedes Kapitels – manchmal auch im Verlauf der Kapitel.

Marie

Pepe

- Über das gesamte Buch verteilt finden Sie Anregungen, die Ihnen helfen sollen, über bestimmte Zusammenhänge nachzudenken. Sie müssen diese Anregungen nicht bearbeiten, doch in der Regel helfen Ihnen diese, die Inhalte besser zu verstehen.
- An vielen Stellen des Buches werden Sie Hinweise auf das letzte Kapitel **9 Lösungen und Erklärungen** entdecken. Das betrifft die Stellen im Buch, die Sie vielleicht nicht ohne Hilfe bearbeiten können. Im letzten Kapitel des Buches werden Ihnen Lösungen angeboten.
- Am Ende jedes einzelnen Kapitels befinden sich unter der Überschrift **Zum guten Schluss** Hinweise über Inhalte, die Sie nach dem Durcharbeiten des Kapitels wissen sollten.
- Aus Gründen der besseren Lesbarkeit wird im vorliegenden Buch vornehmlich die Berufsbezeichnung „Erzieherin" verwendet. Gleichzeitig sind immer auch alle anderen verwandten Berufsgruppen wie Kinderpflegerinnen und Sozialassistentinnen sowie natürlich alle männlichen Tätigen in diesem Berufsfeld angesprochen.

Ihnen alles Gute und viel Erfolg bei der Arbeit

Norbert Kühne

1 Wahrnehmen und Beobachten

Kurze Vorschau

In diesem Kapitel beschäftigen wir uns zuerst mit der Wahrnehmung, wie sie funktioniert und welche Sinnesorgane die Wahrnehmung benötigt. Wir fragen uns, wie es mit der Wahrnehmung des Menschen bestellt ist. Danach beschäftigen uns Fehler in der Wahrnehmung. Zum Schluss des Kapitels geht es um die Anwendung der Wahrnehmung bei der Verhaltensbeobachtung.

1.1 Wahrnehmung

1.1.1 Verlauf der Wahrnehmung

Marie hat in ihrem Praktikum eine Erfahrung gemacht:
Ich hatte die Aufgabe, ein Kind eine Woche lang zu beobachten. Ich sollte mir die Beobachtungen notieren und das Kind danach beschreiben, sodass jemand, der es nicht kennt, sich vorstellen kann, wie das Kind handelt und sich in der Gruppe verhält.
Also habe ich gleich am Montag in der Frühe damit begonnen. Deswegen habe ich mich in eine Ecke gesetzt und die kleine Tina beobachtet. Das schien anfangs ganz gut zu gehen. Aber bald bemerkte ich, dass sich zwei andere Kinder, die bei mir in der Nähe saßen, ständig stritten. Nach ein paar Minuten stellte ich fest, dass die beiden Streithähne meine ganze Aufmerksamkeit beanspruchten, ich aber nicht mehr wusste, was Tina nun in der Zeit eigentlich gemacht hatte.

Marie hat etwas Wichtiges gelernt:
Ich kann nicht alles auf einmal wahrnehmen. Meine Wahrnehmung richtet sich auf einen bestimmten Punkt im Raum, der restliche Bereich wird weniger gut beobachtet – oder überhaupt nicht, sodass ich nur einen Teil wahrnehme oder im Blick habe.

Die Erziehungswissenschaftlerin Renate Zimmer beschreibt Sinneswahrnehmung wie folgt: „Die Sinne sind unsere Antennen, über die wir mit der Umwelt kommunizieren. Durch sie nehmen wir Kontakt mit der Umwelt auf, über die Sinne lassen wir die Umwelt in uns hinein."

(Zimmer, 2001, S. 5)

Renate Zimmer sagt damit, dass wir die Umwelt über unsere Sinne wahrnehmen. Über die Sinne sammeln wir unsere Erfahrungen, die wir in unserem Gehirn speichern. !

Erfahrungen zu sammeln und zu lernen, ohne dass wir über die Sinne verfügen, kann man sich nicht vorstellen.

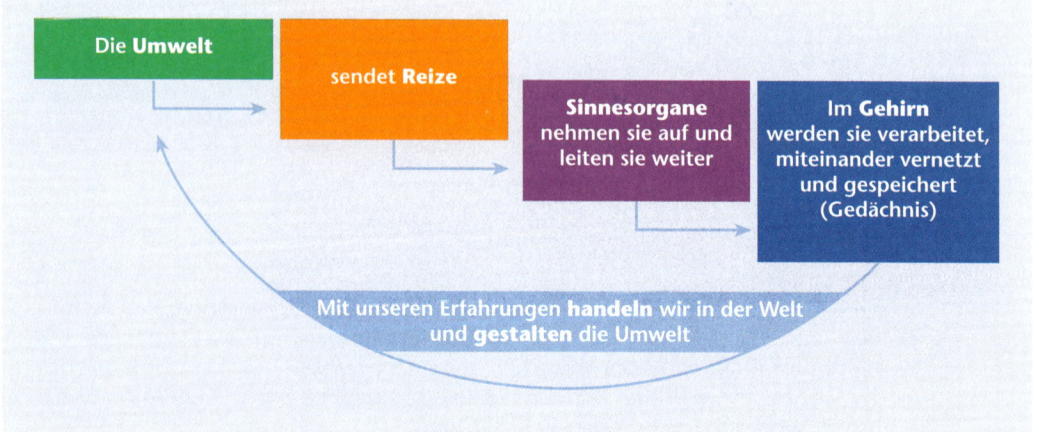

Wenn wir die Welt mit unseren Sinnen wahrnehmen, bilden wir sie nicht nur in unserem Kopf ab. Vielmehr gestalten wir sie mit Hilfe unserer Vorstellungen neu. Wahrnehmung ist auch nicht einfach bei unserer Geburt da, sie muss sich entwickeln. Wer in der Erziehung tätig ist, sollte wissen, dass man Wahrnehmung auch fördern kann. Wir nehmen alle ähnlich war, unterscheiden uns aber in dem, was wir am Ende registrieren und in unserem Gehirn behalten. Daraus können wir schließen:

! **Wir haben die gleichen Sinnesorgane, nehmen aber individuell unterschiedlich wahr. So lebt im Endeffekt jeder in seiner eigenen Welt. Aus der Flut der Informationen, die ständig auf uns einwirken, wählt jeder die Reize individuell aus – und merkt es noch nicht einmal.**

Beispiel: Drei Personen sehen ein Haus, vor dem sie stehen.

Person A gefallen die wunderbar warme Farbe des Verputzes und die kleinen niedlichen Fensterchen an der Fassade des Hauses.

Person B sieht die ausladende Weite des Daches, die das Haus wohl vor dem Sturm schützen mag.

Person C findet, dass der Eingang nicht zum Stil der Fenster passt. „Modernistischer Quatsch", sagt die Person C. „Wenn mir das Haus gehörte, würde ich sofort einen neuen Eingangsbereich bauen!"

Alle drei stehen vor dem gleichen Haus, nehmen es aber sehr unterschiedlich wahr.

Ein Polizist, der drei Personen zum Hergang eines Unfalls befragt, der gerade eben stattgefunden hat, mag verzweifeln wegen der Unterschiedlichkeit der Antworten seiner drei Zeugen.

Die Personen haben doch **alle drei denselben Unfall** gesehen, sagt er sich. Aber trotzdem haben sie offenbar **nicht dasselbe gesehen**.

Anregung
Diskutieren Sie folgendes Beispiel (unten): Woran mag es liegen, dass beide Hände, die ins gleiche Wasser eintauchen, die Temperatur unterschiedlich empfinden? (Siehe unter Lösungen 1.1 am Ende des Buches)

Beispiel
    „Halten wir die eine (linke) Hand in eine Schüssel mit kaltem Wasser und die andere (rechte) Hand in eine Schüssel mit heißem Wasser. Anschließend halten wir beide Hände in eine Schüssel mit lauwarmem Wasser."

(Kühne u. a., 1988, S. 8)

Anregung
Diskutieren Sie: Was ist ein Film und was macht unsere Wahrnehmung daraus? (Siehe dazu Lösungen 1.2 am Ende des Buches)

1.1.2 Definition der Wahrnehmung

Unter Wahrnehmung müssen wir einen Prozess der Informationsverarbeitung verstehen: Reize (von außen und aus unserem Körper) treffen auf unsere Sinnesorgane. Wie wir bereits gesehen haben, verarbeiten die Nervenleitungen die Reize und schaffen daraus ein „Bild" der Welt.

Dieser Vorgang der Reizverarbeitung ist sehr kompliziert. Mithilfe einer Grafik sei dargestellt, welche Faktoren und Hintergründe eine Rolle spielen, damit eine Wahrnehmung und danach eine Reaktion des Organismus (des Menschen) zustande kommt:

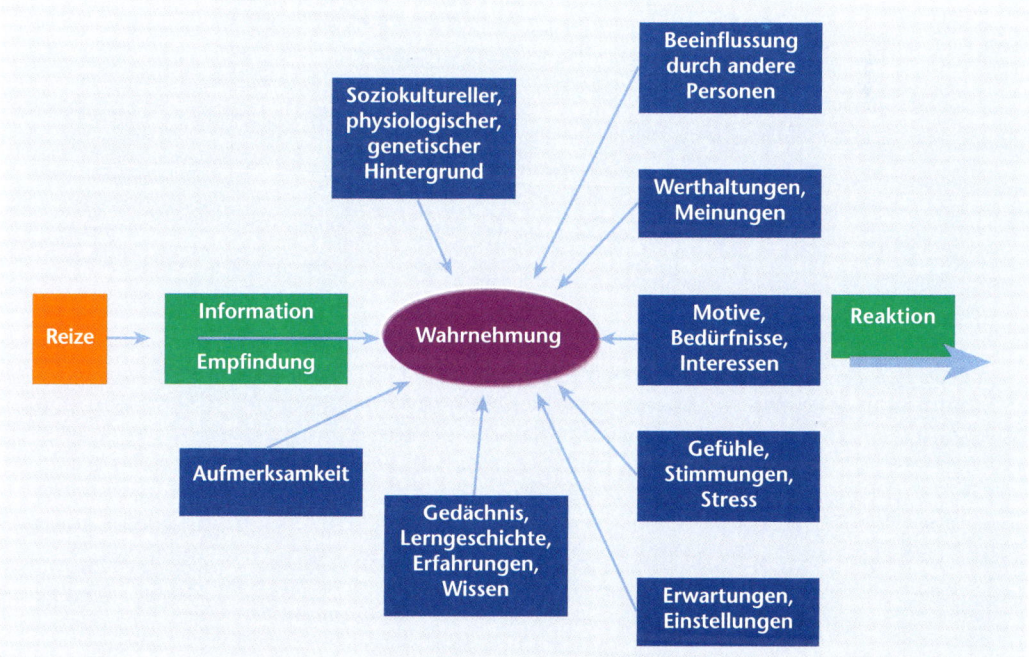

Entstehung von Wahrnehmung und Reaktion aus unterschiedlichen individuellen Faktoren

Anregung

Beschreiben Sie Wahrnehmung in eigenen Worten vor dem Hintergrund der abgebildeten Grafik.

Die Verarbeitung der Informationen von außen und aus dem Körperinneren findet im Gehirn, genauer gesagt im Zentralnervensystem statt. Das Gehirn ist die Verbindungs- und Schaltstelle, die alle Informationen koordiniert und sie zu Handlungstendenzen und Handlungen verarbeitet. Mit einiger Vorsicht lassen sich auf der Hirnrinde Zentren der Verarbeitung lokalisieren (festlegen). So kann man sich die Anordnung der Zentren vorstellen, die die Arten der Informationen (und Meldungen) auswählen und je nach Bestimmung verarbeiten. Eine kleine Übersicht bietet die Grafik:

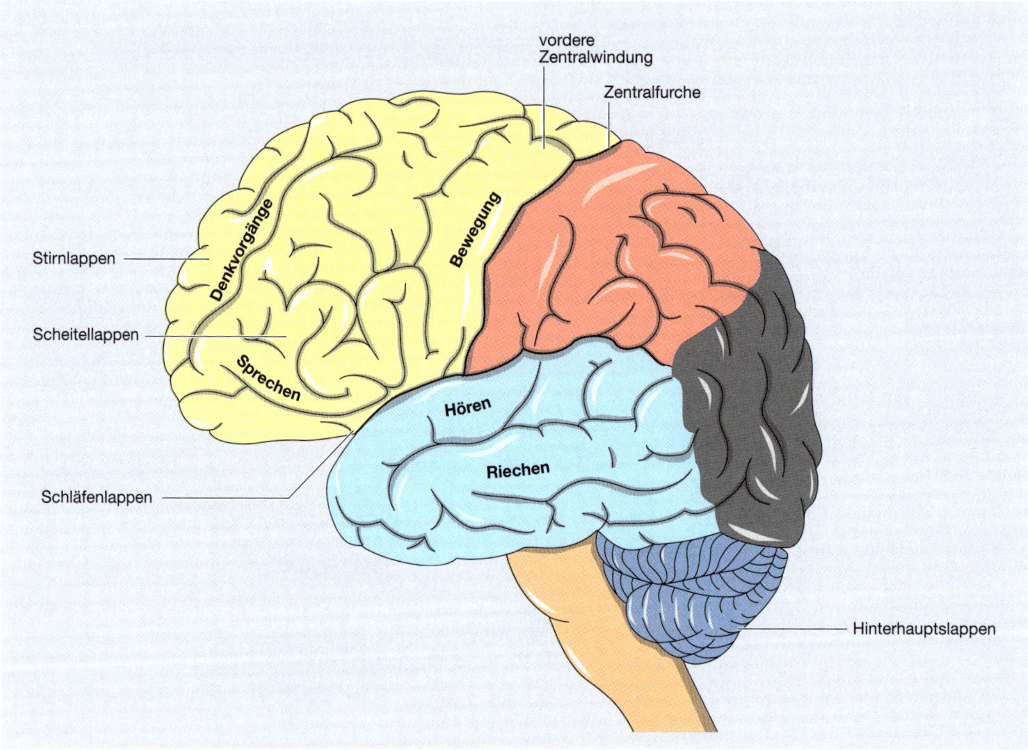

Gehirn mit Verarbeitungszentren

„Reize, für die Sinnesorgane vorhanden sind, sind manchmal zu schwach, um eine Empfindung hervorzubringen. Es gibt eine **absolute Schwelle** der Wahrnehmung, d. h. Reize müssen eine bestimmte Stärke haben, damit eine Wahrnehmung zustande kommen kann. Ist der Reiz schwach, bleibt er **unterschwellig**. Bei klarer dunkler Nacht kann ein Kerzenlicht in 40 km Entfernung vom Auge gerade noch wahrgenommen werden. Wir können das Ticken einer Armbanduhr in 6 m Entfernung gerade noch hören. Es gibt auch eine **Schmerzschwelle**. Sie stellt die obere Grenze der Wahrnehmung dar. Zu starke Licht- oder Schallreize rufen **Schmerzempfindungen** hervor. (…) Tonhöhen können wir sehr gut unterscheiden, Geschmackskonzentrationen sehr schlecht."

(Kühne u. a., 1988, S. 12)

1.1.3 Die Sinnesorgane

Über die Leistungen der Wahrnehmung können wir uns ein Bild machen, wenn wir folgende Tabelle studieren:

Reiz	Sinnesorgan/Rezeptor	Empfindung
– Elektromagnetische Wellen von 400 bis 700 mμ	Auge/Netzhaut	Licht, Helligkeit Farben
– mechanische Luftschwingungen (Schallwellen) von 16 bis 20.000 Hz	Innenohr/Schnecke	Töne, Geräusche, Klänge, Sprache, Lärm
– Druck	Haut/Druckpunkte, Berührungspunkte	Druck, Berührung, Kitzel
– intensive Reizung gleich welcher Art	Haut/Schmerzpunkte	stechender, drückender, brennender Schmerz
– Temperatur: Kälte, Wärme	Haut/Kältepunkte, Warmpunkte	kühl, kalt, Wärme, Kälte
– Druck, Zug, Muskelkontraktion	Muskeln, Sehnen, Gelenke/ Muskel-, Sehnenspindeln	Position, Haltung, Bewegung des Körpers (kinästhetische Empfindungen)
– Kopfbewegung, Veränderung der Körperlage, Schwerkraft	Innenohr/Bogengänge, Sacculus, Utriculus	Gleichgewicht, Körperlage, Körperbeschleunigung
– chemische Substanzen: in wässriger Lösung	Zunge/Geschmacksknospen	Geschmack (süß, sauer, salzig, bitter)
– Gase	Nase/Riechepithel	Gerücke (faulig, blumig, fruchtig, würzig)

Reizarten, Sinnesorgane und Empfindungen

Der **Verlauf** der Vorgänge in der **Wahrnehmung** kann wie folgt beschrieben werden (vgl. Zimmer, Handbuch der Sinneswahrnehmung, 2001, S. 46):
1. Zuerst werden die Reize durch die Sinnesorgane (Auge, Ohr usw.) aufgenommen; dabei kommt es schon zu einer Auswahl, was wichtig und weniger wichtig ist.
2. Die Reize werden an das Gehirn weitergeleitet.
3. Im Gehirn werden die Meldungen gespeichert.
4. Die neuen Reize werden mit dem verglichen, was schon gespeichert ist: Sie werden bewertet und überprüft, wie sie verwendet werden können.
5. In den verschiedenen Zentren werden sie koordiniert – je nach Eigenart und Verwendbarkeit.
6. Dort werden die Reize wieder verarbeitet und entsprechend eingeordnet.
7. Danach kommt es erst zu einer Reaktion – zum Verhalten des Menschen also. Diese Meldungen werden an die entsprechenden Körperorgane weitergeleitet: an Arme, Beine, Kopf usw.

Die nun in Gang gesetzten Reaktionen und Verhaltensweisen des Menschen werden von den Sinnesorganen erneut registriert und in der oben angegebenen Weise bearbeitet und verwertet. In der Regel läuft das alles in atemberaubender Geschwindigkeit ab – und ohne dass wir es bewusst registrieren.

Grundsätzlich lassen sich drei verschiedene Verarbeitungsweisen unterscheiden:
1. Die Verarbeitung innerhalb eines Sinnesbereichs – d. h. die Verarbeitung innerhalb des Seh-, Hör-Bereich usw. Diese Form nennt man **modalitätsspezifische Verarbeitung**.

2. Die **intermodale Verarbeitung** ist die Verwendung der Reize in mehreren Bereichen: Seh-, Hör-, Geschmacksbereich usw.
3. „Die Informationen werden zu einem sinnvollen Ganzen verbunden. Verschiedene Handlungsfolgen und nacheinander ablaufende Reize könnten räumlich und zeitlich integriert wahrgenommen werden. Das Kind hat sie nun im Gedächtnis gespeichert und kann sie jederzeit abrufen. Das sind auch Voraussetzungen, um zu sprechen und die Sprache zu verstehen" (Zimmer, 2001, S. 54). Renate Zimmer nennt es die seriale Stufe der Wahrnehmung.

1.1.4 Die Wahrnehmung gestaltet Reize

Unsere Wahrnehmung organisiert die Reizkonstellationen, die sie aus der Umwelt erhält. Sie konstruiert aus dem Wahrgenommenen Gestalten und zusammenhängende Formen und lässt die einzelnen Reize nicht als bloße Summe von Reizen bestehen. Das ist ein sehr sinnvoller Vorgang, da sich Einzelreize im Gedächtnis viel schwerer speichern lassen als deren Gesamtheit in Form von Gestalten und Figuren.

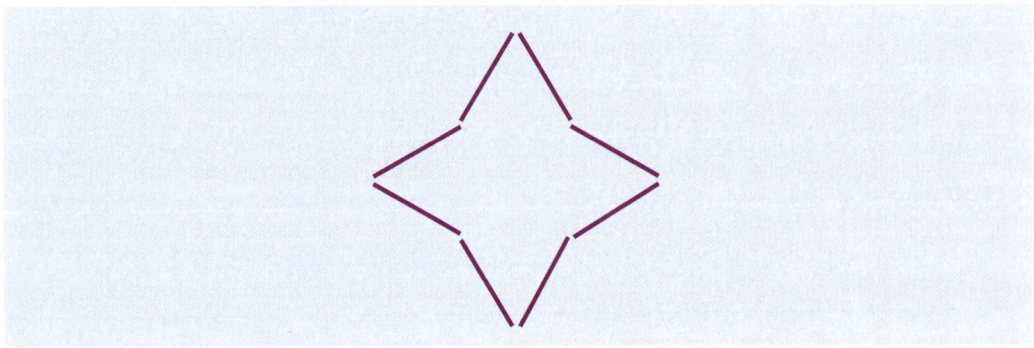

„Stern" – oder acht Stäbe

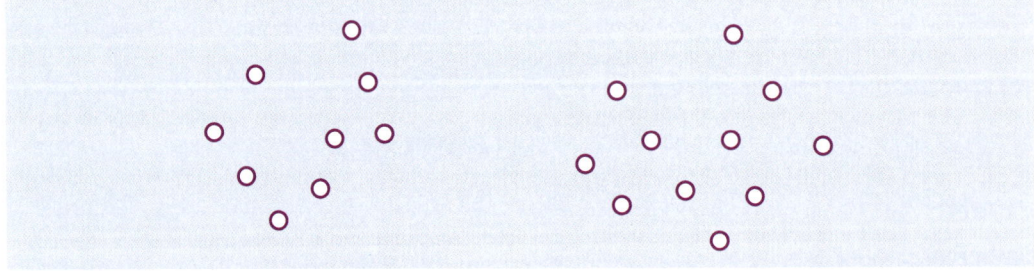

„Zwei Gruppen" – oder 20 Punkte

Wir sind z. B. geneigt, die einzelnen Stäbe in der oben angegebenen Grafik eher als Gebilde wahrzunehmen, nämlich als Stern, auch wenn er sehr unvollkommen aussehen mag. Oder wir sehen die 20 Punkte eher als zwei Gruppen. Schon im Hinblick auf eine Gedächtnisleistung gruppiert unsere Wahrnehmung die Reize aus der Umwelt, damit man sie sich besser merken kann.

Ähnlich machen wir es mit anderen Reizen:
- Mehrere Töne organisiert unsere Wahrnehmung meist als Melodie oder als Musikstück.
- Einzelne Buchstaben fassen wir zu Worten und Sätzen zusammen.

- Eine Bankleitzahl 42650150 merkt man sich nicht als acht hintereinander aufgeführte Ziffern, sondern man gruppiert die Ziffern – z. B. in dieser Form: 426 501 50.
- Um eine Gruppe von mehr als 10 Personen überschauen zu können, macht man gerne Untergruppen mit bestimmten Merkmalen – z. B. Jungen und Mädchen, oder: die Blonden, Braunen und Schwarzen.

Eine in diesem Zusammenhang interessante geometrische Aufgabe ist die folgende:

Anregung

A

*Übertragen Sie nachstehende Zeichnung auf ein Blatt Papier. Verbinden Sie die neun Punkte mit vier Geraden, ohne auch nur ein einziges Mal abzusetzen, bzw. den Stift vom Papier wegzunehmen). (Siehe dazu **Lösungen 1.3** am Ende des Buches)*

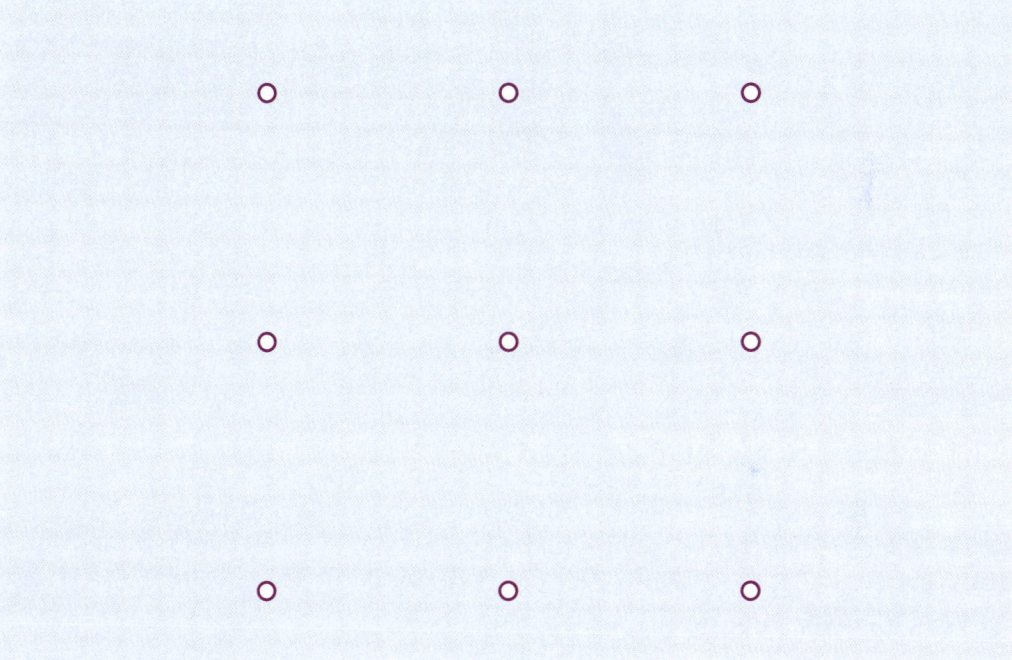

Neun Punkte verbinden

Anregung

A

1. *Besorgen Sie sich weitere interessante Beispiele optischer Täuschungen aus dem Internet oder aus der Literatur und diskutieren Sie, wie unsere Wahrnehmung damit umgeht.*
2. *Machen Sie das auch mit „Kippfiguren", das sind optische Konstellationen, die man verschieden sehen kann.*

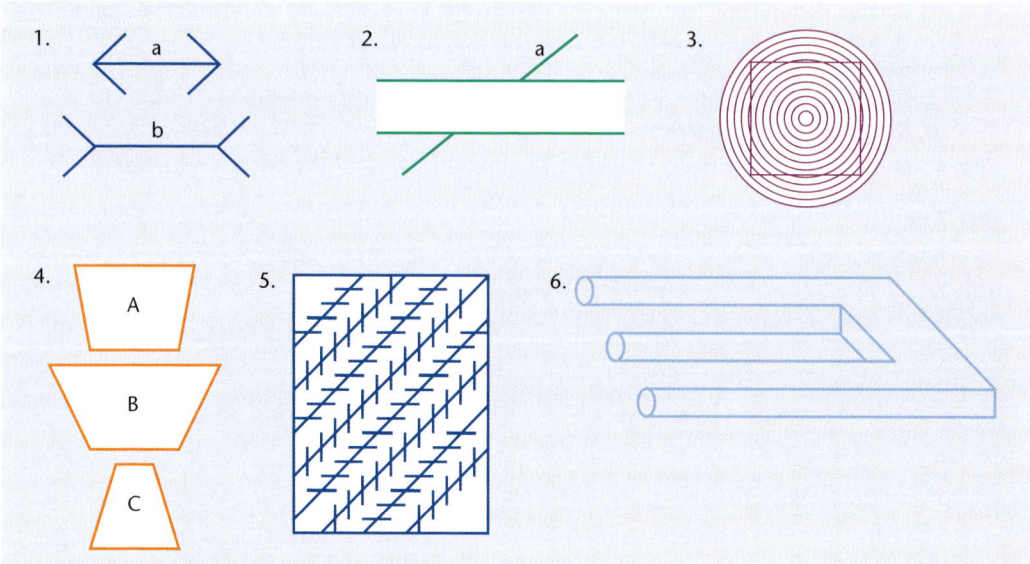

1. Welche Strecke ist länger: a oder b?
2. Ist a seitlich verschoben?
3. Quadrat oder gebogene Parallelen?
4. Ist Grundlinie A, B oder C länger?
5. Laufen die sieben Linien parallel zueinander?
6. Teil einer Gabel, oder?

1.1.5 Wahrnehmungskonstanzen

Die „Kunst" unserer Wahrnehmung besteht auch darin, stabile und konstante Bilder zu konstruieren, obwohl doch die Wirklichkeit manchmal alles andere als stabil erscheint.

Farbkonstanzen

Ein grüner Pullover erscheint uns immer grün, selbst wenn er in der frühen Morgendämmerung, in der prallen Sonne am Mittag oder bei finsterem Regenwetter gesehen wird.

Helligkeitskonstanz

Ein Stück Holzkohle oder ein Brikett sieht immer schwarz aus, ob wir es in glühender Sonne oder im künstlichen Licht eines Zimmer sehen.

Größenkonstanz

Uns erscheint ein Gegenstand oder ein Mensch immer gleich groß – gleichgültig, in welcher Entfernung er von uns existiert.

Halten wir einen Gegenstand vor die Augen, oder sehen wir ihn in 5 Meter Entfernung auf einem Tisch liegen – er ist immer gleich groß, obwohl er tatsächlich auf unserer Netzhaut unterschiedlich groß ist.

Formenkonstanz

Formen bleiben konstant, wenn wir sie sehen, gleichgültig, aus welcher Position oder in welchem Blickwinkel wir sie sehen.

Auf unserer Netzhaut hat das Rund eines Tellers eine elliptische Form, wenn wir ihn in einiger Entfernung auf einem Tisch wahrnehmen. Unsere Wahrnehmung aber bedient uns mit einem runden Teller.

Konstanzen sind notwendig, „um eine gewisse Ordnung und Beständigkeit in die vielfältigen Reizmuster unserer Umwelt zu bringen" (Kühne, 1988, S. 18). !

Welche enormen Leistungen unsere Wahrnehmung im Zusammenhang mit den Konstanzen erbringt, sieht man an folgenden Sachverhalten:
1. Die Netzhaut formt die dreidimensionalen Reize aus der Umwelt auf der Netzhaut um in ein zweidimensionales Bild.
2. Unser gesamtes Blickfeld wird auf der Netzhautfläche in ein ca. 2 cm großes Bild verwandelt.
3. Die Netzhaut macht daraus ein Bild, das auf dem Kopf steht.
4. Unsere Augen stehen keine Minute still – sie bewegen sich fortwährend.
5. Außerdem bewegt sich das Auge ruckartig – es schaut mal auf die eine Seite, mal auf die andere Seite.

Selbst wenn wir auf dem Kopf stehen, liefert uns die Wahrnehmung ein verlässliches Bild, so wie wir es schon immer kennen, wenn wir uns dabei vertraute Ansichten ansehen.

1.1.6 Wahrnehmung von Raum und Zeit

Wie wir in Kapitel **1.1.2 Definition der Wahrnehmung** bereits grafisch angedeutet haben, unterliegt die Entstehung der Wahrnehmung unterschiedlichen Faktoren.

Auch an der Konstruktion von Raum und Zeit erkennen wir:

Die Wahrnehmung erschafft Gestalten und Konstruktionen. Jeder Mensch erschafft, indem er wahrnimmt, seinen Raum und seine subjektive Zeit. !

Folgende Funktionen sind beteiligt, wenn die Wahrnehmung das schafft, was wir als Raum in unserem Kopf „sehen":
- Die Augenlinse ist beim Betrachten naher Gegenstände stärker gekrümmt als beim Anschauen entfernter Gegenstände. Das nennt man Akkomodation des Auges.
- Die beiden Augen richten sich auf den Gegenstand – je näher der ist, umso mehr werden die Blickrichtungen zusammengeführt. Sie treffen sich im Gegenstand. Das nennt man Konvergenz (der beiden Augen).
- Dabei liefern beide Augen ein unterschiedliches Bild der Netzhaut (disparate Netzhautabbildungen). Damit erschaffen unsere Augen das räumliche Sehen.
- In unserem Blickfeld verschieben sich nahe Gegenstände stärker – weite weniger stark. Unsere Wahrnehmung aber gleicht das aus, ohne dass wir es bemerken.
- Wenn der eine Gegenstand einen anderen verdeckt, wird „der andere" als weiter entfernt wahrgenommen.
- Wenn mehrere Gegenstände weiter entfernt sind, sind sie auf der Netzhaut näher zusammen. Unsere Wahrnehmung aber gleicht das aus, ohne dass wir es bemerken (Perspektive).
- Unterschiedliche Lichtverhältnisse (Schatten, Licht, helle Beleuchtung, Dämmerlicht) geben uns Aufschluss über die Gegenstände, die im Raum verteilt sind.

● Unsere Erfahrungen (Gedächtnis) geben uns weitere Auskünfte über die Größenordnungen im Raum.

Es gibt keine Sinnesorgane, die die **Zeit** wahrnehmen. Trotzdem schaffen wir es, mehr oder weniger genau, Zeitabstände einzuschätzen. Es gibt objektive Erscheinungen, an denen wir die Zeit einschätzen können – z. B. Sonnenauf- und Sonnenuntergang, die beispielsweise einen Tag begrenzen.

> *Wie lange es dauert, bis **Maries** Freund eintrifft, kann sie subjektiv einschätzen, falls Marie nicht die Uhr hernehmen möchte, um das festzustellen.*

Freilich helfen uns unsere Erfahrungen (Gedächtnis). Der eine trifft immer pünktlich ein, der andere verspätet sich regelmäßig. Weitere indirekte Ereignisse, die uns über die Zeit und den Zeitverlauf unterrichten, sind z. B. der größere Lärm des Tages, die Stille in der Nacht, bestimmte Ereignisse in einer Familie („Gegessen wird um 19.00 Uhr!") usw.

> *__Pepe__ hat festgestellt, dass er in den ersten Ferientagen noch um 6.30 Uhr aufwacht, weil er in der Schulzeit zu dieser Uhrzeit aufstehen muss. Nach einigen Tagen aber kann er wieder bis 9.00 oder 11.00 Uhr schlafen, wenn die Geräusche im Haus nicht zu laut werden.*

Das subjektive Bemessen der Schlafzeit ist so schwer zu ergründen wie das Erwachen zu einem bestimmten Termin. Entscheidend ist offenbar, dass es lang andauernde Gewohnheiten gibt: z. B. frühes Aufstehen. Wird das regelmäßige frühe Aufstehen wieder für eine Zeit unterbrochen, verändert sich die zeitliche Aufteilung des Schlaf-Wach-Rhythmus.

! **Was wir unter der Wahrnehmung der Zeit verstehen ist streng genommen nicht Wahrnehmung, sondern das Abschätzen von Zeitverläufen unter Zuhilfenahme mehrerer Beobachtungen und Annahmen bzw. Vermutungen.**

> *Wenn **Pepe** nichts zu tun hat, kommt ihm die Zeit bis zum Essen lange vor. Wenn **Marie** ein spannendes Buch liest, kommt ihr die Zeit sehr kurz vor.*

A *Anregung*
Untersuchen Sie Beispiele: Wann kommt Ihnen die Zeit sehr kurz oder lange vor und diskutieren Sie die Hintergründe dafür.

1.1.7 Das „Menschenbild" – die Wahrnehmung vom Menschen

Sich ein „Bild" von einem Menschen oder von einigen Menschen zu machen, ist sehr schwierig. Vielleicht hängt das damit zusammen, dass das Bild, das man sich von jemandem macht, oberflächlich und falsch sein kann, weil es auf vagen, unsicheren und ungenauen Informationen beruht, die nur zu Vermutungen berechtigen.

Man spricht andererseits vom „ersten Eindruck", den ein Mensch vermittelt. Und der soll besonders aufschlussreich sein, sagt man häufig. Zumindest könnte man behaupten, dass im Gedächtnis vieler Menschen der erste Eindruck eines Gegenübers eine entscheidende Rolle spielt.

Marie hat neulich in einer Zeitung gelesen, dass schöne Menschen in ihrem Beruf erfolgreicher seien als „normal" aussehende. Pepe lacht darüber sehr laut und sein Finger tippt an die Stirn: „Was hat Schönheit mit beruflichem Erfolg zu tun!?"

Der Forscher Markus Möbius von der Harvard Universität (USA), muss sich Pepe belehren lassen, hat sogar festgestellt: „Wer gut aussieht hat soziale und kommunikative Fähigkeiten, die den Verdienst steigern, auch wenn diese Fähigkeiten für die zu lösende Aufgabe nicht von Belang sind."
(Nienhaus/Hergert, 2008, S. 36)

Nach Nienhaus und Hergert soll auch festgestellt worden sein, dass große Menschen mehr verdienen als kleine, dicke Frauen weniger als schmalere.

„Wir leben heute in einer Welt der Bilder", kommentiert Bischoff die Ergebnisse und erzählt von einem Fall aus einer großen Bank, die ein neues Vorstandsmitglied suchte. „Dort sagte man mir, es gebe zwar eine Frau, die qualifiziert genug sei für einen Vorstandsposten. Sie sei aber leider zu dick."

(Nienhaus/Hergert, 2008, S. 36).

„Bischoffs Studie belegt auch, dass die Optik in den vergangenen Jahrzehnten an Bedeutung gewonnen hat. 1986 nannten bloß sechs Prozent aller Befragten die äußere Erscheinung wichtig für den Berufseinstieg. 2003 waren es schon 27 Prozent. Damit überholte die Optik die Bedeutung von Sprachkenntnissen (26,6 Prozent) und war fast ebenso wichtig wie die persönlichen Beziehungen (28 Prozent)."

(Nienhaus/Hergert, 2008, S. 36).

Mit diesen Forschungsergebnissen wird ausgesagt:

Das Aussehen eines Menschen ist in den Augen Vieler – noch vor seiner tatsächlichen Tüchtigkeit – ein Hinweis auf seine berufliche Leistungsfähigkeit.

Wir nehmen wahr oder beobachten (vgl. Kühne, 1988, S. 21):
- Das Gesicht und seinen Ausdruck (freundlich, verkniffen, mürrisch)
- Die Augen (weiter Augenabstand wird häufig mit geringerer Intelligenz gleichgesetzt)
- Mund (herabgezogen, offener Mund usw.)
- Lachen (Ausdruck der Freude)
- Sonstige äußere Erscheinung (Kleidung, Frisur, Brille usw.)
- Körperhaltung
- Sitzhaltung
- Gangart

Häufig halten wir eines oder weitere Merkmale für charakteristisch und machen uns das „Bild" vom Gegenüber, auf dessen Grundlage wir unser Urteil fällen. Bei Bewerbungsgesprächen spielt das Aussehen, hat man herausgefunden, häufig eine größere Rolle als die tatsächliche Tüchtigkeit des Bewerbers – auch bei Männern selbstverständlich.

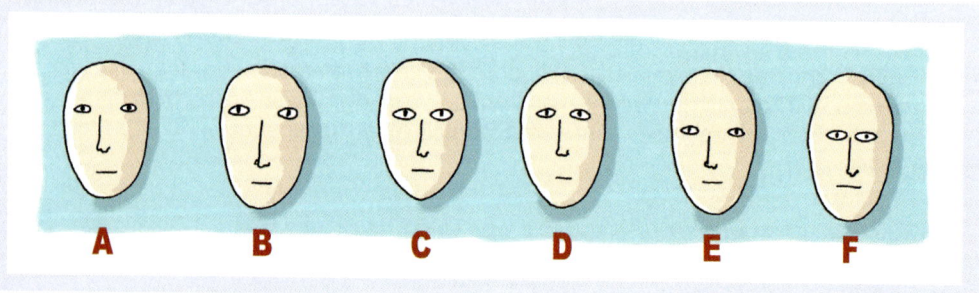

A *Anregung*

*Bringen Sie die Reihenfolge der Gesichter in eine Rangreihe, sodass das sympathischste Gesicht links, das unsympathischste rechts steht. (Die Auflösung finden Sie unter **Lösungen 1.4** am Ende des Buches.)*

! **Wir haben Vorstellungen davon, wer tüchtiger ist. Wir glauben zu wissen, wer intelligenter ist. Wir bilden uns ein, aussagen zu können, wer irgendetwas eher verdient hat. Und immer gehen wir vom Äußeren aus. Wir sehen uns jemanden an – und urteilen wie selbstverständlich über einen Menschen.**

Daraus können wir schließen:
- Auf der einen Seite lässt sich sagen: Diese Vorgehensweise ist leichtfertig, weil sie sehr schnell unkorrekt oder falsch sein kann.
- Auf der anderen Seite können wir vielleicht daraus erkennen, wie wir aussehen sollten, um einem bestimmten Urteil über uns zu entgehen.

! **Vom Äußeren her über einen Menschen zu urteilen, ist in der Regel nicht korrekt. Das seriösere, sorgfältigere Bild vom Menschen entsteht aus längerer Beobachtung des Verhaltens und der Gewohnheiten.**

1.1.8 Fehler der Wahrnehmung

Der Fehler in der Wahrnehmung ist ein Sachverhalt, der sich nicht leicht bestimmen lässt. Der Einfachheit halber definieren wir ihn wie folgt:

! **Immer, wenn Abweichungen in einer genauen Abbildung der Realität vorliegen, könnte man von einem Fehler sprechen.**

Einige Fehler kann man folgendermaßen beschreiben:

Unkorrekte Wahrnehmungen von Längen oder Größen bei optischen Täuschungen

Wenn Sie sich die optischen Täuschungen in diesem Kapitel vornehmen, werden Sie an einigen Beispielen bemerken, dass die Längen oder die Parallelität von Linien von unserer

Wahrnehmung nicht korrekt konstruiert werden – deshalb auch die Bezeichnung „optische Täuschungen".

Berufsspezifische Verzerrungen der Wahrnehmung

In den frühen siebziger Jahren des letzten Jahrhunderts wollte der US-Psychiater David Rosenhan herausfinden, ob seine Kollegen zwischen Gesunden und Kranken unterscheiden konnten:

„Er suchte acht Freiwillige und sie erschwindelten sich die Aufnahme in verschiedene psychiatrische Anstalten und Krankenhäuser. Doch sobald sie dort aufgenommen waren, verhielten sie sich vollständig normal. Das Ziel war, zu überprüfen, ob die Psychiater ihre geistige Gesundheit entdecken würden oder ob ihre Urteile von Vorurteilen beeinflusst waren (d. h. wenn ein Patient schon da ist, also als Patient etikettiert ist, dann muss er verrückt sein). Auf fulminante Weise zeigt Rosenhans Experiment, wie die Welt immer durch die Linse verzerrt wird, durch die wir sehen."

(Slater 2005, S. 86 f.).

Das traurige Ergebnis war: Kein einziger Scheinpatient ist als Gesunder entlarvt worden – sogar bei der Entlassung wurde ihnen noch Krankheit bescheinigt. Normale Angewohnheiten der Scheinpatienten wurden von amerikanischen Psychiatern als krankhafte Gewohnheiten interpretiert (vgl. Kühne u. a., 1988, S. 23):

- Weil sich die Scheinpatienten häufiger Notizen machten, unterstellte man ihnen krankhafte Schreibgewohnheiten.
- Da sie aus lauter Langeweile durch die Krankenhausflure gingen, unterstellte man ihnen krankhafte Unruhe.
- Weil sie häufiger Fragen stellten und eine falsche Behandlung reklamierten unterstellte man ihnen „Krankheitsausbrüche".
- Weil sie gerne bei der Essensausgabe in der Schlange der Wartenden verharrten, unterstellte man ihnen krankhafte Essgewohnheiten.

Manchmal spricht man auch von einer berufsspezifischen Blindheit – das bedeutet: häufig wiederkehrende Erscheinungen übersieht man, weil sie alltäglich geworden sind. Unbewusst nimmt man sie deswegen schon gar nicht mehr wahr.

Anregung

Diskutieren Sie in Kleingruppen: Gibt es in Ihrer beruflichen Richtung ähnliche Probleme und Sichtweisen.

A

Halo-Effekt (Hof-Effekt)

Wenn wir jemanden in einer Hinsicht für klug und gescheit halten, neigen wir dazu, ihn oder sie auch in anderen Hinsichten für intelligent zu halten. Wir sehen das Merkmal Klugheit als charakteristisch an und übertragen es.

Logischer Fehler

Der Fehler kann vorkommen, wenn Beurteiler annehmen, dass bestimmte Eigenschaften von Personen häufiger auftreten. Ein kräftiger Junge ist demnach in verschiedenen Situationen aktiv und angriffslustig.

Milde-Effekt

Ein Beurteiler möchte sich nicht festlegen auf eindeutige Bewertungen, besonders dann, wenn sie auffallend sind – er mildert dann gerne ab, um sich keine Blöße zu geben.

Tendenz zur Mitte

Der Fehler wird dann gemacht, wenn die verschiedenen Merkmale von verschiedenen Personen gerne eingeebnet werden und alle als „gut" bewertet werden, obwohl es eindeutige Abweichungen zu schlecht und miserabel und zu ausgezeichnet bis hervorragend gibt.

Projektion (= man sieht eigene Probleme gern in anderen Personen)

Wer selbst von Geiz geplagt wird, sieht andere Menschen leichter als geizig an. Wenn jemand Geldprobleme hat, sieht er diese auch bei den beobachteten Personen. Grundsätzlich geht man davon aus, dass Sachverhalte, die psychisch belastend wirken, gerne in andere Personen projeziert (hineinverlagert) werden.

Probleme beim Beschreiben

Wer Probleme mit der Auswahl der geeigneten Worte hat, oder wer schwer Worte findet, um etwas genau zu umschreiben, wird Probleme haben, ein genaues Bild von einem anderen Menschen zu entwerfen. Wenn der Beobachter ungenau formuliert oder unpassende Worte wählt, gibt er Anlass für Irrtümer und falsche Vorstellungen.

Vorschnelle Bewertung

Anfänger neigen häufig dazu, statt der einfachen Beschreibung des beobachteten Verhaltens zu bewerten (z. B. „Heute ist er wieder sehr aggressiv", „Kati war sehr frech" usw.). Bewertungen haben nicht nur den Nachteil, dass sie ein Bild zeigen, das die subjektive Einstellung des Beobachters wiedergibt, man weiß auch nicht, wie sich die Person wirklich verhalten hat, die man beobachtet: Wenn Kati „frech" ist, weiß der Leser der Beobachtungen ja nicht, was sie tatsächlich gemacht hat – abgesehen davon, dass eine zweite Person u. U. das Verhalten Katis auch nicht als „frech" bezeichnen würde. Wenn Thorsten als „sehr aggressiv" beschrieben wird, weiß der Leser der Beobachtungen nicht, wie sich die Thorsten tatsächlich verhalten hat.

Organische Störungen und Fehler

- Kurz- und Weitsichtigkeit
- Farbenblindheit
- Schwerhörigkeit und Taubheit
- Kinästhetische Störungen wie linkisches/ungeschicktes Verhalten, Konzentrationsschwächen, sonstige Bewegungsstörungen usw.

Störungen bei der Einnahme von Drogen und Alkohol

Diese Störungen sind sehr vielfältig, sodass ein Überblick schwierig wird. Sie reichen von optischen Verzerrungen über akustische Abweichungen bis hin zu Geschmacksstörungen.

Wahrnehmungsabwehr

Unter Wahrnehmungsabwehr versteht man das Nicht-Registrieren von Sinneswahrnehmungen, obwohl objektiv Sinnesreize vorhanden sind. In der Regel funktioniert das so, dass man unangenehme Sachverhalte, statt sich mit ihnen auseinanderzusetzen, nicht registriert. In der Alltagssprache sagt man: Er/sie will es nicht wahrhaben, dass … Im Zusammenhang mit psychischen Erkrankungen ist das Problem relativ häufig. Es kann z. B. vorkommen, dass man Personen übersieht, weil sie sehr unangenehm werden könnten.

Wahrnehmungsstörungen im Rahmen von (psychischen) Krankheiten

Wir können nur einen sehr kleinen Ausschnitt benennen, weil eine vollständige Übersicht den Rahmen dieses Lehrbuchs sprengen würde. Typisch bei der **Legasthenie** (Schreib- und Leseschwäche) ist die Verwechslung von Buchstaben wie q und g, d und b, m und n usw. Die Störung durch diese Erkrankung wird wahrscheinlich durch eine Raumordnungsstörung im Gehirn hervorgerufen und hat mit der Intelligenz wenig zu tun. Nach neueren Erkenntnissen steht Legasthenie im Zusammenhang mit einer vernachlässigenden Erziehung.

Es gibt zudem typische, schwierige Situationen für die unterschiedlichen Sinnesbereiche, die eine exakte Wahrnehmung erschweren:
- Bei Dämmerlicht oder schlechter Beleuchtung sieht man nicht gut.
- Bei Lärm im Raum lassen sich Gespräche nicht so gut verfolgen – das hat Marie am Anfang dieses Kapitels auch schon bemerkt.
- Bei kalten und ungesalzenen Speisen kommt der Geschmack nicht so eindeutig hervor.
- Wenn mehrere Gerüche durcheinanderwirbeln, kann man einen einzelnen Geruch nicht so leicht identifizieren.

Das führt uns zu der Aussage:

Situationen oder situative Bedingungen können den Verlauf der Wahrnehmung erschweren oder erleichtern.

Für die Verhaltensbeobachtung bedeutet diese Aussage:

Verhaltensbeobachtungen lassen sich manchmal durch die Veränderung der Beobachtungssituation verbessern oder verschlechtern.

Beispiele
- *Ein schlecht schreibender Kugelschreiber lenkt die Aufmerksamkeit des Beobachters ab.*
- *Störungen durch Dritte verfälschen die Situation.*
- *Probleme im Kopf des Beobachters stören die Konzentration usw.*

1.2   Verhaltensbeobachtung

1.2.1 Wem nützt Verhaltensbeobachtung?

Die Verhaltensbeobachtung ist eine der ältesten Methoden in der Psychologie.

Sie besteht daraus, Menschen und deren Verhalten mehr oder weniger gezielt oder beabsichtigt zu beobachten und das, was man sieht oder wahrnimmt, schriftlich festzuhalten. Man sammelt Informationen.

(1) Ziel der Verhaltensbeobachtung ist es, Informationen über das Verhalten von Menschen zu sammeln, mit denen man arbeitet, die man fördert oder die man in ihren Bemühungen unterstützt.

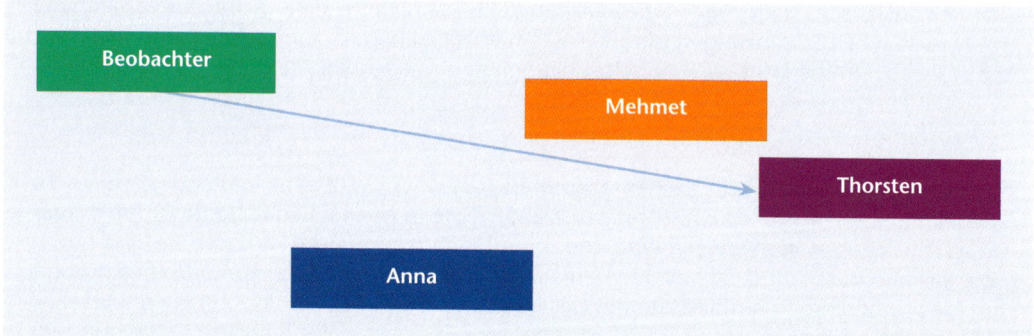

Eine beobachtende Erzieherin sammelt Informationen über Thorsten

! **(2) Man kann einzelne Personen beobachten – aber auch eine Gruppe oder eine Teil-gruppe.**

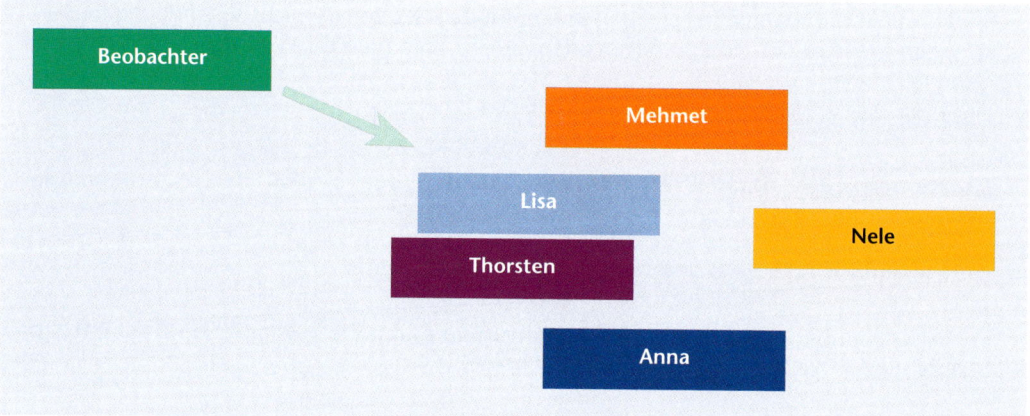

Eine beobachtende Erzieherin sammelt Informationen über die Kleingruppe (Teilgruppe, Untergruppe)

A *Anregung*

Diskutieren Sie, aus welchen Gründen Erzieherinnen Verhaltensbeobachtungen durchführen.

Auf die Frage, warum man Verhaltensbeobachtungen macht, gibt es u. U. verschiedene Antwortmöglichkeiten. Sicher aber ist:

! **(3) Verhaltensbeobachtungen macht man, um genauer pädagogisch planen oder um jemanden präziser fördern zu können. Je besser man eine Person oder eine (Teil-) Gruppe kennt, desto effektiver kann man ihn oder sie fördern.**

Um ein Kind besser fördern zu können, muss man wissen, in welchen Entwicklungsberei-chen es noch Schwächen oder Defizite hat.

Beispiel

Lisa hatte sehr unterschiedliche Probleme in der Gruppe. Die Erzieherinnen ärgerten sich über ihr Verhalten, weil sie immer wieder die Beschäftigungen verschiedener Kleingruppen massiv störte. Sie machte Bauten kaputt, die die Jungen mit Bausteinen konstruiert hatten. Mädchen in der Puppenecke bewarf sie gerne mit Spielzeug.

Die Erzieherinnen beschlossen, Lisa eine Zeit lang systematisch zu beobachten. Schon bald stellte sich heraus, dass Lisa dann relativ intensiv spielte, wenn sie in einer Kleingruppe war und dort mitspielen konnte. Die Erzieherinnen entschlossen sich deshalb, Lisa in verschiedene Kleingruppen einzugliedern und sie (und die Gruppe) darin zu bestärken, Lisa mitspielen zu lassen.

Mehmet saß lange Zeit in einer Ecke des Gruppenraums und hielt sich extrem zurück. Er weinte meist, wenn seine Mutter ihn gebracht hatte. Danach beschränkte er sich darauf, beim Spielen einzelner Kinder zuzuschauen.
Nachdem er eine Zeit lang beobachtet wurde, kamen die Erzieherinnen zu dem Schluss: Mehmet würde gerne spielen, aber er hängt noch zu sehr an seiner Mutter. Die Erzieherinnen versuchten, Mehmet mit einzelnen Kindern in Spielsituationen zu verwickeln, damit er lerne, sich den Kindern in der Kita zuzuwenden.

(4) Verhaltensbeobachtungen kann man unterschiedlich gestalten. Es gibt verschiedene Varianten der Verhaltensbeobachtung.

Die Verhaltensbeobachtung nützt also letztendlich dem Kind, da eine Erzieherin mit dieser Methode effektiver arbeiten und fördern kann.

Wenn die Verhaltensbeobachtung den Erziehenden hilft, Informationen über eine Person und deren Verhalten zu sammeln, muss klar sein:

(5) Eine einzige Verhaltensbeobachtung nützt nichts, denn die Schlüsse, die ich daraus ziehen kann, sind unsicher und zufällig. Denn man kann mit einer oder wenigen Verhaltensbeobachtungen keine grundsätzlich gültigen Aussagen über eine Person machen.

Also liegt es nahe, wenn man Verhaltensbeobachtungen plant, das Kind über längere Zeit zu beobachten.

Ein Kind, das man mehrere Wochen und regelmäßig beobachtet hat, wird man gut kennen. Man wird als Erziehende seriöse Aussagen über das Kind machen können – und man wird damit eine gute Grundlage für einen effektiven Förderplan haben.

Nehmen wir an, Sie haben das Kind mehrere Wochen lang beobachtet und notiert, welche sprachlichen Probleme es hat. Sie kennen nun die Fähigkeiten und sprachlichen Schwächen des Kindes. Mit dieser Kenntnis können Sie mit der Sprachförderung genau da ansetzen, wo es das Kind nötig hat.

1.2.2 Arten der Verhaltensbeobachtung

1.2.2.1 Das Aufschreiben

Da man am besten lernt, indem man etwas tut, fangen wir mit einem Beispiel an.

Anregung
Diskutieren Sie über die folgenden beiden Beispiele: Woran erkennen Sie welcher Text einer Verhaltensbeobachtung gut oder schlecht ist?

Beispiel

1.	2.
Luzie ist wieder mal unmöglich heute. Sie kommt rein und ist sofort pampig. Das kennt man ja schon. Dann geht sie rüber zu Hanno und knufft ihm freundschaftlich in die Seite, als wollte sie ihm sagen: „Lass das jetzt." Zu Mary sagt sie rotzfrech: „Gib mich dat!" Aber Mary lässt sich nicht davon beeindrucken und spielt in aller Ruhe weiter. Das lässt Luzie nicht auf sich sitzen. Sie sucht Klamauk, das merkt man!	Luzie kommt in den Raum. Sie steht an der Tür, sie schaut in die Gruppe. Schaut in verschiedene Richtungen. Geht zu Hanno, stößt ihn leicht an. Schaut wieder in die Runde. Sagt zu Mary, die bei Hanno spielt: „Gib mich dat!" Mary spielt weiter, ohne auf Luzie zu reagieren. Sie stößt Mary an, schaut aber woanders hin.

(Siehe Lösungen 1.5)

1.2.2.2 Die allgemeine Verhaltensbeobachtung

Wir haben nun ein Beispiel, wie man es nicht machen soll – und eines, wie man es machen könnte. Es folgen nun noch ein paar **Hinweise**:

- Notieren Sie immer die Dauer der Beobachtung, den Ort usw. (Datum, Uhrzeit, Name des Beobachters und der beobachteten Person; Alter der beobachteten Person; kurze und vorausgehende Beschreibung der Situation, in der die Beobachtung stattfindet – das finden Sie weiter unten auf einem Beispiel-Formular)
- Es ist gut, Ereignisse und wörtliche Rede der Kinder sofort aufzuschreiben.
- Deutungen und Interpretationen müssen vermieden werden. „Michael ist aggressiv" ist eine Deutung bzw. eine Interpretation.
- Es ist gut, wenn man nach der Devise aufschreibt: Wer hat etwas getan? Wie ist es verlaufen? Wo ist es passiert? Wer war dabei? Kurze und knappe Sätze sind wichtig, denn eine Verhaltensbeobachtung ist kein Erlebnisaufsatz!
- Wenn ein Unbeteiligter etwas über das beobachtete Kind sagt oder äußert, gehört das nicht in die Verhaltensbeobachtung. Man kann es lediglich gesondert aufschreiben. (Siehe dazu die Formulare weiter hinten im Buch.)
- Vermutungen über die Hintergründe eines Verhaltens gehören nicht in die Verhaltensbeobachtung. Bestenfalls können sie an einer anderen Stelle notiert werden.
- Wenn eine Erzieherin in die zu beobachtende Szene verwickelt wird, muss auch ihr Verhalten im Verhältnis zur Person, die beobachtet wird, beschrieben werden.
- Eine Zusammenfassung oder Interpretation des Verhaltens der beobachteten Person wird getrennt von der Beobachtung notiert (siehe Beobachtungsbogen weiter hinten).

Da es von großer Bedeutung ist, dass man im Umgang mit der Verhaltensbeobachtung lernt, wie man mit dem einen oder anderen Problem umgeht, ist es wichtig, dass Sie das Beobachten probieren und üben. Es ist noch „kein Meister vom Himmel gefallen"; Meister wird man, wenn man übt. Das ist bei der Verhaltensbeobachtung nicht anders. Es ist auch gut, mit Kolleginnen, Lehrerinnen und Bekannten über die Verhaltensbeobachtungen zu diskutieren: Sind sie gelungen? Gibt es noch Fehler? Welche Stärken sind erkennbar?

Und nun ein Beispiel für ein Formular:

Verhaltensbeobachtung	
Datum: Zeit/Dauer: Name des Kindes: Alter: Protokollant:	Kurze Beschreibung der Situation:
Text/Beobachtung:	
Informationen von anderen über das Kind:	Besondere Ereignisse:
Interpretation der Beobachtungen/erste Schlüsse:	

Möglicher allgemeingültiger Beobachtungsbogen

(1) Mit diesem Formular können Sie an die Verhaltensbeobachtung herangehen, wenn Sie keine speziellen Vermutungen oder Absichten haben.

(2) Das o. a. Formular zeigt eine Möglichkeit, wie man das Verhalten eines Kindes über eine Zeit von Tagen oder Wochen immer wieder einmal beobachten kann – zum Beispiel:
   – täglich 10 Minuten
   – in der Woche 3–4 Mal
   – alle 2–3 Tage usw.

(3) Wichtig ist jedenfalls, dass eine regelmäßige Beobachtung stattfindet.

(4) Wollen Sie bestimmte Situationen beobachten, müssen Sie bestimmte Zeiten auswählen, in denen diese stattfinden.

Beispiel

Wollen Sie wissen, wie es mit den Problemen von Carlo aussieht, wenn er sich morgens von Mutter oder Vater trennt, ist es naheliegend, die Szenen im Auge zu behalten, in denen die Mutter morgens mit dem Kind kommt: Wie sich das Kind beim Abschied verhält. (In diesem Falle wäre es günstig, die Mutter über Ihr Vorhaben zu informieren, denn sie schreiben ja auch auf, wie sich die Mutter gegenüber Carlo verhält).

(5) Der Teil des Beobachtungsbogens unter „Interpretation der Beobachtungen/erste Schlüsse" ist für Sie langfristig von Bedeutung, denn hier fassen Sie Ihre Beobachtungen als „Interpretationen" zu dem Kind zusammen – auf diesen Teil der Verhaltensbeobachtung werden Sie später Ihre pädagogischen Pläne oder Ihren Förderplan aufbauen.

1.2.2.3 Spezielle Beobachtungsvorhaben

Der Fantasie sind keine Grenzen gesetzt: Es gibt sehr viele Möglichkeiten, spezielle Beobachtungsbögen für die Praxis der Vorschulerziehung zu entwickeln.

Man kann die Häufigkeit aggressiven Verhaltens, man kann auch das Auftreten unterschiedlicher aggressiver Verhaltensweisen mit einem Beobachtungsbogen untersuchen – und das bei einem oder bei mehreren Kindern.

Wir können nicht einmal annähernd alle Möglichkeiten hier diskutieren. So beschränken wir uns eben, denn Sie werden bald bemerken, dass Sie Beobachtungsbögen ganz nach Bedarf entwerfen können. Hier ein **Beispiel** – falls Sie das Auftreten der unterschiedlichen aggressiven und sozialen Verhaltensweisen des Kindes X innerhalb von einigen Tagen analysieren wollen.

> **!** **Aggressives Verhalten meint: Ein Verhalten, das angreift oder auf Angriff ausgelegt ist. Jemand ist aggressiv und verletzt jemanden mit Taten oder mit Worten. Aggression ist die Ausübung von Gewalt gegen Personen und Sachen.**

Wir fragen nach dem Auftreten der Formen aggressiven Verhaltens im Vergleich zu Verhaltensweisen, die sozial genannt werden können. Der Beobachtungsbogen zeigt uns beim Ermitteln der Ergebnisse:
- Wie häufig ist das Kind aggressiv?
- Wie drückt sich die Aggression aus?
- Welche sozialen Verhaltensweisen zeigt das Kind in der Gruppe?
- Wie ist das Verhältnis von aggressiven zu den sozialen Verhaltensweisen?

> **!** **Das realisierte Verhalten wird als Strich in den Bogen eingetragen, sodass wir eben am Ende eine ausgefüllte Strichliste haben werden, deren Summen wir (unten) errechnen können.**

Beobachtungsbogen aggressiver und sozialer Verhaltensweisen					
Name		Alter		Datum	
Erste Woche					
	Stößt, schlägt Kinder	Zerstört Spiele	Greift mit Worten an	Macht Vorschläge	Bittet um Mitspielen
1. Tag					
2. Tag					
3. Tag					
4. Tag					
5. Tag					
Zweite Woche					
6. Tag					
7. Tag					
8. Tag					
9. Tag					
10. Tag					
Summen					

Spezieller Beobachtungsbogen aggressiver und sozialer Verhaltensweisen

Welchen Nutzen hat solch ein Beobachtungsbogen? Es gibt verschiedene Möglichkeiten:
- Wenn Sie im Team der Kita wissen wollen: Wie viele aggressive Verhaltensweisen realisiert das Kind, um danach entscheiden zu können: Das Kind sollte gefördert werden. Man sollte aggressives Verhalten abbauen!
- Wenn Sie zum Beispiel den Eltern zeigen wollen, wie sich ihr Kind tatsächlich verhält. Hier würden die Tatsachen sprechen – nicht die Vermutungen.
- Wenn Sie das Kind nach der ersten Feststellung (nach 2 Wochen) einordnen können und das Ausmaß seines aggressiven Verhaltens einschätzen können, können Sie das Kind auch gezielt fördern, indem Sie das aggressive Verhalten abbauen. Wenn Sie nun den Beobachtungsbogen erneut einsetzen, stellen Sie fest: Ist das aggressive Verhalten weniger geworden? Dann wissen Sie, ob Ihre Fördermaßnahme Früchte getragen hat.

! Um festzustellen, ob eine Förderung des Kindes genutzt hat, kann man den Beobachtungsbogen nach einiger Zeit erneut verwenden. Dann könnte man feststellen, ob das aggressive Verhalten abgenommen hat. Damit wäre die Fördermaßmahme erfolgreich gewesen.

In ähnlicher Weise könnte man den Beobachtungsbogen „umbauen", wenn wir wissen wollen, wie sich ein Kind sprachlich äußert.

Beobachtungsbogen Sprachverhalten					
Name		Alter		Datum	
Erste Woche					
	Stellt Fragen	Antwortet auf Fragen der Kinder	Macht Vorschläge	Spricht Ein- und Zwei-Wort-Sätze	Spricht in ganzen Sätzen
1. Tag					
2. Tag					
3. Tag					
4. Tag					
5. Tag					
Zweite Woche					
11. Tag					
12. Tag					
13. Tag					
14. Tag					
15. Tag					
Summen					

Spezieller Beobachtungsbogen Sprachverhalten

Nach einer gezielten Sprachförderung von mehreren Wochen könnte man den Beobachtungsbogen erneut einsetzen, um festzustellen: Hat sich das Kind weiterentwickelt oder ist es auf dem Entwicklungsstand geblieben.

Anregungen   A
1. *Probieren Sie einen Beobachtungsbogen nach Rücksprache mit der Praxisanleiterin in einem Praktikum aus.*
2. *Machen Sie sich daneben Notizen zu der Frage: Wie kann man den Bogen verändern bzw. verbessern?*
3. *Geben Sie das Ergebnis Ihrer Untersuchung in Worten wieder, nachdem Sie die Ergebnisse (Summen) errechnet haben.*
4. *Interpretieren Sie die Ergebnisse: Was sagen sie aus? Was kann man als Erzieherin oder Praktikantin damit anfangen?*
5. *Falls möglich oder notwendig: Entwerfen Sie einen neuen Beobachtungsbogen für neue Fragestellungen oder Anforderungen in der Praxis.*
6. *Diskutieren Sie Ihre Erfahrungen mit anderen Praktikantinnen.*
7. *Entscheiden Sie: Was hat Ihnen Probleme bereitet? Worin fühlten Sie sich stark oder bestätigt?*

Die Beschäftigungsschwerpunkte eines Kindes über den Tag und weitere Tage verteilt, lassen sich mit einem Beobachtungsbogen folgender Struktur feststellen – **man kann dabei die Tätigkeiten festlegen, die das Team einer Kita interessieren**. Es wird wieder mit Strichen (bzw. mit einer Strichliste) gearbeitet:

Beobachtungsbogen Beschäftigungsschwerpunkte						
Name:		Alter:		Datum des ersten Tags:		
z. B.	Montag	Dienstag	Mittwoch	Donnerstag	Freitag	Anzahl der Aktivitäten
Macht Vorschläge						
Setzt sich durch						
Vermittelt bei Konflikt						
Gibt nach						
Spielt allein						
Meldet Problem an Mitarbeiterin						
Summe						

Beobachtungsbogen Beschäftigungsschwerpunkte

1.2.2.4 Weitere Möglichkeiten der Informationsbeschaffung

Natürlich gibt es weitere Möglichkeiten, Informationen über Kinder oder erwachsene Personen zu sammeln:

- Man kann ein freies **Protokoll** von einem Ereignis oder von Ereignissen in einem festgelegten Zeitraum schreiben. Das ist eine Möglichkeit, die der **Verhaltensbeobachtung** in **Kapitel 1.2.2.2** ähnlich ist. Das Protokoll beschreibt sachlich und kühl den Ablauf von Ereignissen (oder eines Gesprächs, einer Konferenz, einer Besprechung usw.). Es konzentriert sich nicht zwingend auf eine Person, wie das bei der Verhaltensbeobachtung der Fall ist. Man macht sich Notizen während des Ereignisses – danach schreibt man gewöhnlich in Ruhe die endgültige Fassung des Protokolls. Es hat die Funktion, alle beteiligten Personen über etwas zu informieren oder als Dokument und Unterlage für weitere Besprechungen und Diskussionen zu dienen. (Beispiele: Das Protokoll von einer Dienstbesprechung, das Protokoll einer Konferenz, das Protokoll eines Ereignisses.) Wer das Protokoll verfasst, ist der **Protokollant**.
- Die **Anamnese** umfasst die Lebensdaten eines Menschen und gibt damit Auskunft über die Krankheit einer Person und deren Verlauf. Die Anamnese kommt in der Regel dadurch zustande, dass eine Person von einem Therapeuten, einer Ärztin oder vom Pflegepersonal mit Hilfe gezielter Fragen animiert wird, über bestimmte Abschnitte seines Lebens Auskunft zu erteilen. Es können durchaus auch andere Personen dazu befragt werden – z. B. Eltern, Geschwister, Verwandte, Freunde usw. Zur Anamnese können auch andere Dokumente hinzugezogen werden, die geeignet sind, den Verlauf der Krankheit zu beleuchten. Im Idealfall gibt die Zusammenstellung dieser Informationen einen Einblick in den Verlauf und die Hintergründe einer Krankheit.
- Das **Soziogramm** wird in **Kapitel 6 Die soziale Gruppe** diskutiert. Es bietet die Möglichkeit, Informationen über die Beziehungen in einer Gruppe herauszuarbeiten.
- Im **Interview** werden Informationen über Sachverhalte oder Personen durch gezielte Fragen an eine Person gesammelt. Das Interview ist ein beliebtes Verfahren in der Fachpresse und in vielen Informationsmedien. Interview-Fragen kann man an einen Experten aber auch an jede andere Person richten. Das Interview offenbart die subjektive Auffassung einer Person über erfragte Sachverhalte. So kann man eine Pflegeperson über ihre Erfahrungen mit dem Schichtdienst befragen oder aber einen Klienten darüber, wie er mit bestimmten Problemen nach seiner Krankheit umgehen möchte (oder wie er damit umgegangen ist).

1.3 Zum guten Schluss

Wenn Sie das Kapitel bearbeitet haben, sollte Ihnen vertraut sein:

✔ was man unter dem Verlauf der Wahrnehmung verstehen kann,

✔ wie man Wahrnehmung definiert,

✔ was man unter Sinnesorganen versteht,

✔ wie die Wahrnehmung arbeitet,

✔ was man unter Wahrnehmungskonstanzen versteht,

✔ wie die Wahrnehmung Raum und Zeit erschafft,

✔ wie wir Personen wahrnehmen,

✔ welche Wahrnehmungsfehler es gibt und wie man sie erläutert,

✔ was Verhaltensbeobachtung ist,

✔ was man mit Verhaltensbeobachtung anfangen kann und wobei sie hilft,

✔ welche Arten von Verhaltensbeobachtungen es gibt und bei welchen Gelegenheiten man sie einsetzen kann,

✔ was eine gute und was eine schlechte Verhaltensbeobachtung ist,

✔ wie man einen Beobachtungsbogen für eine bestimmte Situation oder Gelegenheit entwirft,

✔ welche weiteren Möglichkeiten der Informationsbeschaffung es gibt.

2 Soziale Beziehungen, Bedürfnisse und Motivation

Kurze Vorschau

Eingangs untersuchen wir, wie die sozialen Beziehungen des Menschen (des Kindes) entstehen. Danach diskutieren wir die Themen Bedürfnisse, Grundbedürfnisse, Motive. Zum Abschluss fragen wir, wie man motiviert.

2.1 Grundlegung sozialer Beziehungen

Marie hat schon festgestellt:

Kleine Kinder sind zwar relativ hilflos, sie müssen gefüttert und gewickelt werden. Aber sie beobachten die Umgebung manchmal sehr aufmerksam. Sie freuen sich auch sehr, wenn Mutter und Vater oder die Geschwister sich nähern. Dann lachen sie und zappeln mit Händen und Beinen. Sie freuen sich, wenn Menschen aus ihrer Familie näherkommen.

Liselotte Ahnert schreibt (2004, S. 67 f.), dass sich schon bei Säuglingen „Bindungsverhaltensweisen" eindeutig zeigen. Sie schreien und rufen, wenn sich die „Bindungsperson" (meist die Mutter oder der Vater; siehe **Lösungen 2.1**) entfernen will. Sie nähern sich an oder strecken die Arme aus, wenn sich die „Bindungsperson" nach der Trennung vom Säugling wieder zeigt.

Das hat Marie gut beobachtet:

! **Besonders kleine Kinder suchen den Sozialkontakt mit ihren Pflegepersonen.**

Aber auch die „Bindungsperson" oder die Pflegeperson (Mutter, Vater, Erziehender) haben ihre ausgefeilten Methoden, mit dem Kind in Kontakt zu treten. Lohaus, Ball und Lißmann beschreiben folgendes Elternverhalten:

1. Die Eltern stellen die grundlegende Bedürfnisbefriedigung sicher: Sie beschützen und füttern das Kind.
2. Sie halten Körperkontakt mit dem Kind.
3. Sie regen das Kind an, sich zu bewegen.

4. Sie regen das Kind an, sich mit den Objekten der Umgebung zu beschäftigen.
5. Sie treten in die soziale Interaktion mit dem Kind ein (unterstützt von Worten, Mimik und Gestik), sie halten Blickkontakt *(vgl. Lohaus/Ball/Lißmann, 2009, S. 158)*

Die Eltern vergessen dabei aber keineswegs die Welt, wie wir sehen. Sie interagieren mit dem Kind und fordern es gleichzeitig auf, mit der Umgebung zu interagieren bzw. sich mit der Umwelt zu beschäftigen.

Zusammen mit der Pflegeperson beschäftigt sich das Kind mit der Welt

Nun wissen wir, wie sich Kinder und Eltern verhalten und wie sie miteinander interagieren, was wir aber noch nicht erfahren haben, ist doch:
Wie wichtig ist für die Entwicklung des Menschen der Sozialkontakt?

Der Psychologe René A. Spitz hat in der Mitte des letzten Jahrhunderts Kinder in zwei sehr unterschiedlichen Kinderheimen untersucht.

Säuglingsheim	Findelhaus
Die Kinder hatten regen Kontakt mit Pflegepersonen und mit den Müttern (die Einrichtung war Teil eines Frauengefängnisses)	45 Kinder hatten lediglich Kontakt mit einer Oberschwester und 5 Hilfsschwestern. Dieses Pflegepersonal konnte die Kinder praktisch nur zu den Essenszeiten an den Betten besuchen.
Die Kinder konnten die Umgebung sehen, sahen auch, wie Pflegepersonen und Mütter in den Fluren auf und ab gingen.	Die Kinder verbrachten ihr Leben praktisch nur in Betten. Die Betten waren seitlich mit weißen Tüchern verhängt, sodass die Kinder kaum ihre Umwelt sehen oder gar erkunden konnten.
Innerhalb des ersten Lebensjahres entwickelten sich die Kinder geistig und seelisch normal.	**Innerhalb des ersten Jahres machte sich bei den Kindern ein enormer Entwicklungsrückschritt bemerkbar. Der Entwicklungsquotient fiel von 1.24 auf 0.72 zurück (siehe Lösungen 2.2).**
	Die Untersuchung ergab nach 2 Jahren, dass die Kinder des Findelhauses in ihrer Entwicklung noch weiter zurückgefallen waren. In ihrer Sprachentwicklung waren einige auf dem Stand eines einjährigen Kindes; einige hatten noch nicht einmal diesen Entwicklungsstand erreicht.

(vgl. Kühne/Harder-Kühne/Pohl, 1997, S. 8–12)

René A. Spitz schließt daraus:
- Kinder brauchen für ihre soziale Entwicklung den fortwährenden **Kontakt mit erwachsenen Pflegepersonen**.
- Kinder brauchen für ihre Entwicklung die Möglichkeit, sich mit der Umwelt zu beschäftigen – sie brauchen **Anreize aus der Umwelt**.
- Je jünger die Kinder sind, umso nötiger haben sie den Kontakt mit dem Erwachsenen.

Soziale Beziehungen sind für den Menschen lebensnotwendig. Hat er in den ersten Lebensjahren nicht die Möglichkeit, soziale Beziehungen aufzubauen, weil sich die Eltern keine Zeit nehmen, mit den Kindern intensiven Kontakt aufzunehmen und ihn zu pflegen, verkümmern ihre emotionalen, geistigen und sozialen Fähigkeiten. Sie werden krank.

Man weiß heute auch, dass der Säugling bereits Pflegepersonen und fremde Personen voneinander unterscheiden kann. Er nimmt also die Personen, die für ihn und seine soziale Entwicklung wichtig sind, sehr genau wahr.

Die Erziehung des Menschen muss gestaltet werden: Sie muss **eingebettet sein in soziale Beziehungen** – zuerst in das soziale Gefüge der Familie, später in soziale Beziehungen der Gruppen von Gleichaltrigen (z. B. Kita-Gruppe), in die Lerngruppen von Schulen, in soziale Freizeitgruppen usw.

Dieses Erzogenwerden und Aufwachsen des Kindes ist durchaus kein passiver Vorgang, den das Kind über sich ergehen lässt. Denn die Bemühungen der Erziehenden müssen ergänzt werden von der Aktivität des Säuglings bzw. des Kindes selbst. Andernfalls ist ein Scheitern der Erziehungsbemühungen wahrscheinlich. Das Kind ist also ein echter **sozialer Partner des Erziehenden, der seine eigene soziale Entwicklung vorantreibt**.

Nun ergibt sich noch die Frage, wie man im Beruf soziale Beziehungen gestaltet. Denn wer nichts dafür tut, dass seine sozialen Beziehungen zu den Menschen seiner Umgebung „stimmen", über den wird bestimmt. Es gibt ein paar einfache Regeln und Hinweise, was man selbst tun kann. Pflegen Sie Ihre sozialen Beziehungen, indem Sie darauf achten:

1. Zeigen Sie Ihrem Gegenüber, dass Sie an ihm und am Gespräch mit ihm **interessiert** sind. Signalisieren Sie, dass Sie gerne mit ihrem Gegenüber sprechen wollen.
2. Sie müssen nicht zu allem „Ja und Amen" sagen, was Ihr Gegenüber äußert. Sie finden die **Meinung interessant**, obwohl Sie anderer Auffassung sind. Sie dürfen auch sagen, dass Sie Aussagen interessant und wertvoll finden.
3. Zeigen Sie, dass Sie insbesondere im **Streit- oder Konfliktfall** an einem Gespräch interessiert sind.
4. Halten Sie sich mit Bewertungen zurück, insbesondere mit negativen.
5. Zeigen Sie, dass Sie Ihr Gegenüber achten und **respektieren**.
6. Lassen Sie Ihr **Interesse echt** sein – wenn Sie Ihrem Gegenüber etwas vorspielen, wird er es bald bemerken und sich von Ihnen abwenden.
7. **Suchen Sie das Gespräch** mit den Menschen, mit denen Sie tagtäglich oder professionell zu tun haben. So „bleiben Sie am Ball" oder „Sie mischen mit"!
8. **Vermeiden Sie abfällige Bemerkungen** über Ihren Gesprächspartner oder über Dritte, die nicht anwesend sind.
9. **Akzeptieren Sie**, dass sich jemand nicht äußern will – oder dass er über bestimmte Sachverhalte nicht reden möchte.

(vgl. Kühne, 2005, S. 176)

Anregung

1. *Vergegenwärtigen Sie sich Gespräche und Szenen aus Ihrem letzten Praktikum – sowohl mit Klienten als auch mit Team-Mitgliedern.*
2. *Untersuchen Sie diese Szenen im Hinblick auf die oben genannten Aussagen zur Gestaltung sozialer Beziehungen.*
3. *Führen Sie ein Rollenspiel durch, in dem Sie mit einer Kollegin oder einem Klienten sprechen.*
4. *Werten Sie das Rollenspiel anschließend aus und spielen Sie das Spiel gegebenenfalls noch einmal.*

Was sollte ich beim Rollenspiel im Auge behalten?   !
– Die Rollen der Mitspielenden sollten klar definiert werden.
– Die Mitspieler sollen Auffassungen vertreten, auch wenn sie u. U. anderer Auffassung sind.
– Während des Rollenspiels wird nicht von vorbereiteten Papieren abgelesen.
– Wer nur zuschaut, hat absolute Schweigepflicht; Missfallensäußerungen und Klatschen unterbleiben.
– Niemand darf Rollenspiele mit Klamauk verwechseln. Sie sind frei gestaltete Ernstsituationen mit hohem Aussagewert.

2.2 Bedürfnisse, Grundbedürfnisse

Das Bedürfnis ist nach H. A. Murray eine „im Gehirn lokalisierte Kraft", die uns zum   !
Handeln antreibt – und zwar in Richtung auf ein Ziel, das für die handelnde Person
„lustvoll" oder „nützlich" ist.   *(vgl. Arnold/Eysenck/Meili, 1971, Band 1, S. 237)*

Marie und *Pepe* *kennen verschiedene und unterschiedliche Bedürfnisse. Das Bedürfnis, etwas zu essen, nennen sie Hunger; das Bedürfnis, etwas zu trinken, nennen sie Durst. Marie hat manchmal das Bedürfnis, mit ihrer Freundin zu quasseln. Pepe hat sehr oft das Bedürfnis, sich zu bewegen – zu rennen und mit dem Fußball zu kicken.*

Ein Bedürfnis strebt nach Befriedigung.   !

Der US-Psychologe Abraham Maslow (1908–1970) unterscheidet zwischen
  ○ tiefer liegenden Bedürfnissen und
  ○ höheren Bedürfnissen
Wobei die tiefer liegenden grundlegend sind und die höheren auf den tieferen basieren.
Nach Maslows Vorstellungen bauen die unterschiedlichen Bedürfnisse folgendermaßen aufeinander auf:
1. **Physiologische Bedürfnisse**: Bedürfnisse nach Nahrung, Schlaf, Sauerstoff, Wärme usw. Das Leben des Säuglings dreht sich um die Befriedigung dieser Bedürfnisse. Sie sind sozusagen grundlegend für alle weiteren Bedürfnisse. Werden sie nicht ausreichend befriedigt, hat der Mensch ein Leben lang mit diesem Problem zu tun (Angst um Nahrung, Wärme und Sicherheit). Um die Befriedigung der Bedürfnisse der zweiten Stufe zu sichern, müssen, die der ersten Stufe befriedigt worden sein.
2. **Bedürfnis nach Sicherheit**: Das ist die Tendenz, gewohntes Verhalten (Gewohnheiten) einem anderen Verhalten vorzuziehen. Gewohnte Situationen werden bevorzugt, fremde

Situationen (und Menschen) eher gemieden. Auch das Bedürfnis nach einer festen und sicheren Wohnung sowie geregelte Abläufe im Alltag und im Leben im Allgemeinen spielen eine Rolle. Ebenso auch das Bedürfnis nach einem Sicherheit bietenden Arbeitsplatz.

3. **Bedürfnis nach Liebe und Geborgenheit**: Je mehr der Mensch in sein soziales Umfeld hineinwächst, umso mehr hat er das Bedürfnis, Beziehungen zu anderen Menschen bzw. Liebe zu einem Partner aufzubauen. Wie wir gesehen haben, hat auch Spitz (in Kapitel 2.1 Grundlegung sozialer Beziehungen) mit seinen Untersuchungen nachgewiesen, dass der Mensch solche Beziehungen für seine Entwicklung (für seine Menschwerdung) braucht.

4. **Bedürfnis nach Geltung**: Der Mensch will von den Menschen seiner sozialen Umgebung anerkannt und geachtet werden. Geht das nicht, so entstehen Gefühle der Minderwertigkeit, Schwäche und Hilflosigkeit.

5. **Bedürfnis nach Selbstverwirklichung**: Dieses Bedürfnis will die individuellen Fähigkeiten und Schwerpunkte entwickeln und vervollkommnen. Ob ein Kind ein solches Bedürfnis verwirklichen kann, hängt von seiner sozialen Umgebung ab. Aus der Befriedigung dieses Bedürfnisses ergeben sich Ausgeglichenheit, Zufriedenheit und eine angemessene Zukunftsperspektive.

6. **Bedürfnis nach Wissen und Verstehen**: Nach Maslow ist dieses Bedürfnis nicht bei allen Menschen ausgeprägt. Hinderlich für die Entstehung dieses Bedürfnisses ist oft die soziale Umwelt. In vielen Lebenssituationen oder Berufen sind Verstehen und Kreativität weniger gefragt – eher das Befolgen von Anordnungen, sodass sich dieses Bedürfnis nicht gut entwickeln kann. Auch wenn jemand das Bedürfnis nach Selbstverwirklichung nicht entwickeln konnte, hat er Probleme, die Welt und ihre sozialen Zusammenhänge zu verstehen.

Marie folgert daraus richtig:
Wer sein Bedürfnis nach Sicherheit nicht befriedigen konnte, wird es schwer haben, Liebe und Geborgenheit zu finden.
Wer sein Bedürfnis nach Liebe und Geborgenheit nicht befriedigen konnte, wird Probleme haben, sich selbst zu verwirklichen.
Wer sein Bedürfnis nach Selbstverwirklichung nicht befriedigen konnte, wird Schwierigkeiten haben, die Welt zu verstehen oder sich darum zu bemühen.

A

Anregungen

1. *Diskutieren Sie, welche Bedeutung diese Anordnung der Bedürfnisse von A. Maslow im Berufsleben, insbesondere sozialer Berufe, hat.*
2. *Diskutieren Sie eigene Erfahrungen mit der Befriedigung von Bedürfnissen (nach A. Maslow). Sprechen Sie auch über Konsequenzen, die sich aus der Befriedigung oder Nicht-Befriedigung der oben genannten Bedürfnisse ergeben.*

A

1. *Diskutieren Sie, wie man Bedürfnisse bei Kindern und Erwachsenen erkennt. (Siehe dazu auch* **Lösungen 2.3** *am Ende des Buches)*
2. *Besprechen Sie auch, wie Sie damit umgehen können (siehe auch* **Lösungen 2.4***).*

!

Es gibt grundlegende (tiefere) und höhere Bedürfnisse. Die Bedürfnisse und die Möglichkeit, sie zu befriedigen, bauen aufeinander auf. Sind die grundlegenden Bedürfnisse (in der Kindheit) nicht befriedigt worden, gibt es Probleme mit der Befriedigung der späteren (höheren) Bedürfnisse.

!

Bedürfnisse, die grundlegend für höhere (spätere) Bedürfnisse sind, könnte man Grundbedürfnisse nennen.

Selbstverwirklichung: *Äußerung der Bedürfnisse eines voll handlungsfähigen Schülers oder Menschen schlechthin: das Selbst werden, das man wirklich ist.*		
ästhetische Bedürfnisse	**ästhetische Bedürfnisse:** *Wertschätzung der Ordnung und des Gleichgewichts allen Lebens; Sinn für Schönheit und Liebe allen Lebens.*	*Seins- und Werdens-Motive, die aus dem Inneren des Menschen entspringen, sind edel und fortdauernd, und werden stärker, wenn sie erfüllt werden.*
Leistungsbedürfnisse, intellektuelle Bedürfnisse	**Verständnisbedürfnis:** *Wissen von den Beziehungen, Systemen und Prozessen, die in Theorien ausgedrückt sind; die Integration des Wissens und des Kunst- und Kulturguts sowie der Technik und neuerer gesellschaftlicher Entwicklungen.*	
	Wissensbedürfnis: *Zugang zu Informationen, zu Technik und neueren Entwicklungen der Gesellschaft sowie der Welt; wissen, wie sich die Dinge ereignen; wissen wollen, was Ereignisse und Entwicklungen für den Menschen und die Menschheit bedeuten. Wissen wollen, wie sich der Verlauf der Welt gestalten wird.*	
Gruppenzugehörigkeitsbedürfnisse, soziale Bedürfnisse	**Geltungsbedürfnis:** *als ein besonderer Mensch mit speziellen Fähigkeiten und wertvollen Eigenschaften anerkannt werden; besonders und anders sein.*	
	Zugehörigkeitsbedürfnisse: *als Mitglied einer Gruppe akzeptiert werden; wissen, daass andere deiner gewahr sind und dich bei sich haben wollen.*	
physische Bedürfnisse, Organisationsbedürfnisse	**Sicherheitsbedürfnisse:** *sich sorgen, dass der nächste Tag gesichert ist; eine reguläre und voraussagbare Existenz für sich selbst, seine Familie und seine Eigengruppe haben.*	*Mangelmotive oder Erhaltungsmotive, die durch äußere Faktoren erfüllt oder verneint werden, sind stark und wiederkehrend und werden stärker, wenn sie nicht erfüllt werden.*
	Überlebensbedürfnisse: *sich um die unmittelbare Existenz sorgen, fähig sein, in diesem Augenblick zu essen, atmen und zu leben.*	

Aufbau der Bedürfnisse

2.3 Motive

2.3.1 Struktur und Arten von Motiven

Unter einem Motiv versteht man den Sachverhalt, der ein Individuum dazu bringt, aktiv zu werden. **Marie bringt ein Beispiel:**

Ich sitze am Tisch im Wohnzimmer und mache meine Hausaufgaben. Sie sind schwierig und ich bin ganz auf die Hausaufgaben konzentriert.
Plötzlich höre ich, dass eine Person in die Küche kommt, in der meine Mutter das Essen kocht. Die neuen Geräusche, die Stimme und der andersartige Lärm machen mich neugierig. Ich stehe auf und gehe in die Küche, um nachzusehen, wer da gekommen sein könnte.

Wir bemerken, dass das Beispiel aus drei Teilen besteht:

Im Wohnzimmer sitzend hört Marie Stimmen und Lärm in der Küche – ihre Wahrnehmung konzentriert sich plötzlich auf die neuen Reize.	Die Stimmen und Geräusche aus der Küche sind Anreize (neue Reize), die Marie neugierig machen.	Marie geht in die Küche.

Anders ausgedrückt:

Marie nimmt neue Reize (Anreize) wahr, die sie vorher nicht wahrgenommen hat.	Ihr Neugier-Motiv wird geweckt.	Marie wird aktiv – sie befriedigt ihre Neugierde.
Reize	**Motiv**	**Aktivität**

Reize oder Anreize spielen bei der Entstehung von sehr vielen Motiven eine Rolle. Sie sind so etwas wie der Nervenkitzel für die Entstehung von Aktivität. Weiterhin bilden Anreize den zentralen Hintergrund für Lernprozesse. Gäbe es keine Anreize, könnte man sich viele Motive und Verhaltensweisen erst gar nicht vorstellen.

(1) Motive hängen mit der Reizsituation zusammen

Hätte Marie gehört, dass ihre jüngere Schwester zur Mutter in die Küche kommt, hätte sie keinerlei Neugierde entwickelt. Die Konstellation „Mutter und Schwester in der Küche" wäre für sie uninteressant gewesen.

(2) Motive verändern sich

Wäre Marie drei Jahre älter gewesen, hätte sie sich vielleicht nicht dafür interessiert, wer in die Küche kommt, denn das Kochen und alles, was damit zusammenhängt, hätte sie nicht interessiert. Es gibt auch Motive, die erst in einem bestimmten Alter entstehen. (Das Leistungsmotiv ist bei kleineren Kindern kaum vorhanden. Siehe unten!)

(3) Motive sind individuell (unterschiedlich)

Was Marie neugierig macht, muss nicht automatisch auch ihre ältere Schwester neugierig machen.

(4) Es gibt keine allgemeingültige Liste von Motiven,

die jeder Psychologe anerkennen würde. Motive werden sehr unterschiedlich benannt oder umschrieben. Die Formulierungen weisen teilweise direkt auf die Motive hin, teilweise werden Motivationstatsachen aber auch umschrieben: Man spricht zum Beispiel vom Leistungsmotiv – aber nicht vom Fußball-Motiv oder Lese-Motiv; bei letzteren spricht man eher vom Interesse am Fußball oder am Lesen.

(5) Motive unterliegen Lernprozessen

Motive, deren nachfolgende Handlungen erfolgreich sind, prägen sich mit der Zeit mehr aus; sie werden verstärkt. Handlungen oder Verhaltensweisen, die von Erziehenden verstärkt werden (siehe auch Kapitel **5.2 Lernen am Erfolg – oder: Verstärkungslernen**), treten intensiver oder häufiger auf. Selbst überwiegend biologisch fundierte Motive wie Hunger, Durst, Sexualität, Bedürfnis nach Wärme usw. werden in der Erziehung (oder im Laufe der Sozialisation) durch soziale Lernprozesse verändert. Man könnte auch sagen: Motive werden mit der Zeit differenzierter – sie entwickeln sich.

(6) Verschiedene Motive können eine unterschiedliche Herkunft oder Struktur haben

Es gibt Motive, die mehr biologisch geprägt sind (Hunger, Durst, Sexualität) oder mit unserem Körper zu tun haben. Es gibt aber auch Motive, die eher sozialer Herkunft oder Natur sind (Interesse an Büchern, Fußball usw.).

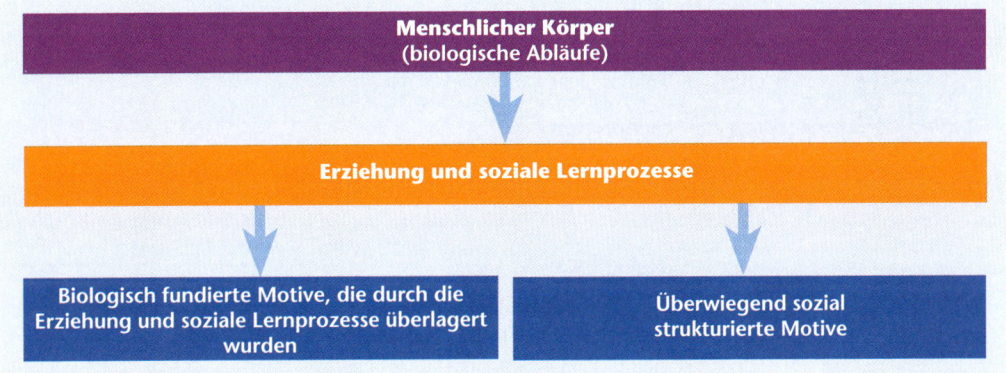

Aber auch die ursprünglich biologischen Motive treten beim Menschen nicht mehr als rein biologische auf, denn sie werden mit sozialen Elementen und Rücksichten ausgestattet.

Beispiel

Wenn wir Hunger haben, stürzen wir uns nicht schnurstracks auf das Essen, sondern wir nehmen Rücksicht auf die soziale Umgebung. Wir essen z. B. mit Messer und Gabel; wir warten, bis die anderen in der Familie oder in der Gruppe auch so weit sind, dass wir gemeinsam essen können.

Wenn wir Durst haben, trinken wir nicht die erstbeste Flüssigkeit, die erreichbar ist. Vielmehr achten wir u. U. darauf, wie viele Kalorien das Getränk hat, damit wir nicht so dick werden.

! **Das Motiv ist der Beweggrund für das Handeln. Motivation ist die Gesamtheit des Zusammenwirkens unterschiedlicher Motive.**

A *Anregungen*
1. *Stellen Sie ein paar Motive zusammen, die für Ihr Freizeitverhalten von Bedeutung sind.*
2. *Untersuchen Sie das Motiv oder die Motive, die bei Ihrer Berufswahl eine Rolle spielen oder gespielt haben.*
3. *Finden Sie ein paar Beispiele, bei denen ursprünglich biologische Motive durch Erziehung zu sozial überlagerten werden.*

2.3.2 Beschreibung einzelner Motive

Um die Entstehung, Entwicklung und Wirkungsweise von Motiven zu verdeutlichen, wollen wir vier unterschiedliche Motive als Beispiele nehmen.

2.3.2.1 Neugierde

! **Neugierde ist eine Einstellung, die typisch für Menschen und Tiere ist, neue Reizkonstellationen zu erkunden und zu untersuchen.**

Neugierde ist die Grundlage für viele Aktivitäten des Kindes – aber auch des erwachsenen Menschen. Gäbe es die Neugierde nicht, könnte man sich kaum Lernvorgänge vorstellen. Auch bei den meisten Tieren spielt die Neugierde eine wichtige Rolle beim Lernen.

Auch das **Spiel** entwickelt sich oft aus dem Motiv, das wir Neugierde nennen. Zumindest spielt die Neugierde eine wichtige Rolle.

A *Anregungen*
1. *Beobachten Sie Kinder beim Spiel. Notieren Sie sich Ihre Beobachtungen sorgfältig.*
2. *Diskutieren Sie anschließend, welche Bedeutung die Neugierde beim Spielen haben mag.*

Neugierde entwickelt sich beim Menschen. So unterscheiden Psychologen verschiedene Stadien der Entwicklung beim Menschen:
1. Nach der Geburt ist das Kind vorwiegend reaktiv tätig – es antwortet auf schmerzhafte Reize, aber auch auf starke Reizveränderung bei Helligkeit oder Lautstärke.
2. Später versucht das Kind, den Kontakt mit Reizquellen, Sachen und Personen aufrecht zu erhalten. Oder es sucht die Reizquelle wieder auf, wenn der Kontakt unterbrochen wurde.
3. Schließlich sucht das Kind die Reize selbstständig auf. Es probiert die Gegenstände aus – es wirft z. B. ein Püppchen aus dem Bett und untersucht, wie es klingt.

Die Psychologen sagen:

! **Je neugieriger und erfindungsreicher ein Kind ist, desto ausgeprägter ist die Originalität.**

! **Lernprozesse sind ohne Neugierde nicht denkbar. Sie ist der wichtigste Hintergrund für das Lernen.**

Je neugieriger ein Kind ist, desto lernbegieriger ist es. Die vornehmste Aufgabe der Erziehung ist es, Neugierde beim Kind zu unterstützen und zu fördern, auch wenn es manchmal mit Arbeit und Mühe verbunden ist.

Anregungen
1. *Untersuchen Sie, wie Neugierde in Ihrem Lebenslauf von Eltern und Erziehenden behandelt wurde.*
2. *Finden Sie wichtige Augenblicke in Ihrem Leben heraus, in denen Neugierde von Eltern und Erziehenden (z. B. Lehrern) positiv oder negativ bewertet wurde.*
3. *Was hatte Neugierde bei Ihnen mit Lernen zu tun?*

2.3.2.2 Das Leistungsmotiv

Das Leistungsmotiv entwickelt sich allmählich. Es macht kleine und große Leistungen möglich, je nachdem wie ausgeprägt und hartnäckig es ist.

Das Leistungsmotiv ist nicht von Anfang an beim Kind vorhanden. Es entwickelt sich allmählich.
1. Das Kind muss so etwas wie einen Gütemaßstab entwickeln (das eine ist besser oder schlechter als das andere). Zum Beispiel das schnellere Fertigwerden bei einem Spiel. Oder dass man mehr Punkte hat als der Andere.
2. Jemand muss in der Lage sein, eine Leistung sich selbst zuzuschreiben: „Ich habe das geschafft" – es war kein Zufall. „Nein, ich bin so tüchtig, dass ich es geschafft habe!"
3. Eine Tätigkeit (z. B. beim Spielen) muss nach dem Schwierigkeitsgrad unterschieden werden können: „Ich habe den höheren Turm gebaut! Deiner ist kleiner!"
4. Eine Tätigkeit muss gelingen oder misslingen können: „Ich habe das geschafft, Du nicht!"

Das **Leistungsmotiv** kann man auch **fördern**.
– Leistungen, die erfolgreich sind, lassen das Leistungsmotiv stärker werden.
– Die Erziehenden können positiv auf die Leistungen eingehen, um es stärker zu machen.
– Sind die Eltern leistungsmotiviert, sind es die Kinder auch eher – es sei denn, die Kinder rebellieren gegen die Leistungsmaßstäbe der Eltern.
– Die soziale Umgebung muss auch Leistungsanreize bieten, damit sich das Motiv entwickeln kann.
– Fördert man Selbstständigkeit, bestärkt dies auch das Leistungsmotiv.
– Misserfolgserlebnisse vermindern das Leistungsmotiv.

Das Leistungsmotiv entsteht nicht zufällig. Die Entstehung muss unterstützt und gefördert werden. Man unterstützt das Leistungsmotiv durch Achtung und Anerkennung von Leistungen.

Anregungen
1. *Untersuchen Sie, wovon Ihre Leistungen oder Ihr Leistungsverhalten abhängig ist.*
2. *Diskutieren Sie in der Kleingruppe, welche Unterschiede es bei verschiedenen Personen gibt.*

2.3.2.3 Das Aggressions-Motiv

Das Motiv das zur Aggression führt nennen wir Aggressions-Motiv.

Die Bezeichnung „Aggressions-Motiv" ist ungewöhnlich. Wir nennen es so, damit wir in der Systematik der bisherigen Bearbeitung der Motive bleiben.

Aggression ist ein in unserer Kultur häufig diskutiertes Verhalten. Aggressionen kommen bei Kindern, Jugendlichen und Erwachsenen vor.

> ❗ **Aggression nennen wir ein Verhalten, das andere Personen verletzt oder zu verletzen versucht. Aggression kann sich aber auch gegen Sachen und Gegenstände richten.**

Wie das Aggressions-Motiv oder Aggression entstehen kann, darüber gibt es unterschiedliche Auffassungen. Wir wollen den alten Streit zwischen verschiedenen Theorien nicht darstellen, sondern einige Ursachen für aggressives Verhalten bei Menschen aufzählen:
1. Aggressives Verhalten, das als **erfolgreich** erlebt wird, wird häufiger wiederholt. Aggression wird also durch Erfolg verstärkt. Jugendliche, die sich mit Gewaltausübung durchsetzen, kann man schwer von ihrer Gewalttätigkeit abbringen.
2. Wird Aggression oder gewalttätiges Verhalten von Anderen beachtet und für gut gehalten, verstärkt das denjenigen, der die Gewalt ausübt.
3. Kinder und Jugendliche, die viele Gewaltszenen (im Fernsehen oder in der Familie) sehen, neigen eher zur Gewalt. Das **Beobachten von Gewalt** im Fernsehen und in der Realität begünstigt Aggression.
4. Häufige und regelmäßige **Frustrationen** begünstigen die Entstehung von Aggression. Frustrationen sind z. B. harte Strafen, wenig Körperkontakt, wenig Freude am Umgang mit dem Kind, häufige Kritik, die häufige Übertragung der Erziehung an Dritte, die Betonung, dass Erziehung eine Belastung sei – dass Kinder zur Last fallen.
5. **Männer** neigen wesentlich häufiger zu Aggression als Frauen.
6. Die **gewalttätige Atmosphäre** einer Gruppe kann Gewalt begünstigen.
7. Das **schwache Opfer** reizt eher zur Aggression als das Opfer, das sich zu wehren verspricht.
8. **Räumliche Enge** begünstigt Aggression. In räumlicher Enge werden selbst ruhige Menschen und Tiere aggressiv.
9. Wer sein Verhalten gut und effektiv kontrollieren kann, wird weniger häufig aggressiv. **Mangelnde Kontrolle** begünstigt Aggressivität.

In sozialen Gruppen entsteht immer wieder die Frage: Wie kann man Aggressivität vermindern oder unterbinden. Es gehört zu den schweren Aufgaben der Erziehenden, Aggressivität so zu gestalten, dass sie in der Gruppe mindestens erträglich ist.

> ❗ **Gewalttätigkeit zu unterbinden oder zu vermindern ist in vielen Gruppen eine schwierige und vor allem langfristige Aufgabe. Das ganze Team ist gefordert. Der einzelne Erzieher kann nicht erfolgreich sein, wenn ihn das Team nicht unterstützt.**

Worauf muss man achten, wenn man Aggression verringern will?
1. Gewalt darf in der Gruppe nie beklatscht oder bejubelt werden. Dann wäre sie nämlich eindeutig ein Erfolg.
2. Aggressive Kinder und Jugendliche müssen ein anderes soziales Verhalten entwickeln können. Man muss ihnen helfen, eine Alternative zur Gewalt aufzubauen Und das kann dauern. Man muss ihnen andere Fähigkeiten über die sie verfügen aufzeigen, und diese verstärken und bekräftigen. Sie müssen Anerkennung über das alternative Verhalten bekommen.
3. Eltern und Erziehende dürfen selbst niemals aggressiv sein. Sie dürfen nicht das vormachen, was sie unterbinden wollen.
4. Man muss Kinder und Jugendliche, die zur Gewalt neigen, als Personen achten und ihre Fähigkeiten anerkennen.
5. Man kann körperliche Auseinandersetzungen im Spiel und mit Regeln einüben, damit die Achtung vor dem Andern entwickelt wird.
6. Kinder, die hartnäckig aggressiv sind, müssen manchmal gütig aber konsequent aus der Gruppe genommen werden („time out").

7. Man muss den Schwachen und Unterlegenen helfen, sich zu organisieren und sich gegen die Gewalttäter zu wehren. („Gemeinsam sind wir stark!")
8. Man muss Alternativen zu beengten Räumen finden.

Man geht heute davon aus, dass es für die Entstehung von Gewalttätigkeit nicht nur eine einzige Ursache gibt. Meist spielen verschiedene Gründe und Hintergründe bei der Entstehung von Aggression eine Rolle.

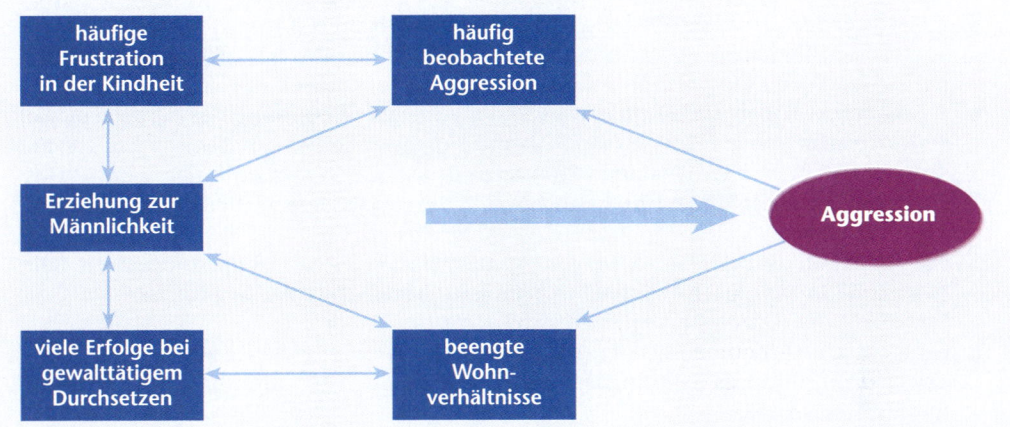

Aggression hat in der Regel vielfältige Ursachen

Anregungen

1. *Erinnern Sie sich an Situationen, in denen Menschen gewalttätig wurden. Untersuchen Sie diese Situationen und diskutieren Sie, wie diese Szenen entstanden sind. Unterscheiden Sie dabei zwischen dem unmittelbaren Anlass für die Entstehung von Aggression und den möglichen Hintergründen für aggressive Handlungen.*
2. *Diskutieren Sie Möglichkeiten des Abbaus von Gewalt an konkreten Szenen.*

In der Pädagogik gibt es allerdings auch eine Tendenz, aggressives Verhalten als eine Möglichkeit zu sehen, dass sich Kinder behaupten und durchsetzen lernen:

„Eine kindliche Entwicklung ist ohne eine gekonnte Anwendung von Aggression undenkbar. Schon deshalb kann es in der Erziehung nicht um die Hemmung und Verleugnung aggressiver Kräfte gehen, sondern darum, sie zu kontrollieren und zu kultivieren."

(Rogge, 2000, S. 208 ff.)

Anregung

Diskutieren Sie die Existenzberechtigung von aggressivem Verhalten in sozialen Gruppen und Gemeinschaften. Haben (einige) Kinder das Recht, aggressiv zu sein? Begründen Sie Ihre Auffassung mit psychologisch-pädagogischen Hinweisen.

Wie sehen Erzieherinnen körperliche Auseinandersetzungen zwischen Kindern? Das ist eine Frage, die mit dem Abbau von Aggressionen bei Kindern unmittelbar zu tun hat. Erzieherinnen und ihr Verhältnis zur Gewalt beeinflussen die Kinder mit Sicherheit (Kühne, 2002, S. 8–10):

1. Erzieherinnen haben sehr häufig Probleme mit körperlichen Auseinandersetzungen zwischen den Jungen in der Gruppe. Sie haben eine ausgeprägte Abneigung dagegen. So

sehen sie leichte Raufereien gerne als Aggression und reagieren entsprechend abwehrend. Sie haben also Mühe, zwischen gewalttätigen Auseinandersetzungen und Raufereien zu unterscheiden.

2. Erzieherinnen haben Probleme damit, dass verschiedene pädagogische Mitarbeiterinnen **unterschiedlich auf Aggressionen reagieren**, eben weil diese unterschiedlich eingeschätzt werden. Dieser Umstand führt häufig dazu, dass sie auch unterschiedlich auf die Aggressionen der Kinder reagieren. Das führt natürlich zu unbefriedigenden Ergebnissen – z. B. im Zusammenhang mit dem Abbau der Aggressionen.

3. Tatsächlich reagieren Erzieherinnen **bei unterschiedlichen Kindern verschieden**: Bei aggressiven Kindern reagieren Sie mit dem Unterbinden des gewalttätigen Konflikts – bei verständigen Kindern stellen sie Fragen oder kommentieren das Verhalten.

4. Erzieherinnen haben ein ausgeprägtes **Bedürfnis nach Harmonie**, das körperliche Auseinandersetzungen als unnötig und überflüssig kennzeichnet. Raufereien von Jungen sind dann in ihrer Einschätzungen Störungen des sozialen Friedens in der Gruppe. Dass Raufereien auch der körperlichen Ertüchtigung dienen, wird dabei häufig übersehen und sogar vergessen.

5. Die Schuld an körperlichen Auseinandersetzungen wird in der Regel den **Eltern oder dem Zuhause angelastet**. Sobald es handfeste Konflikte in der Gruppe gibt, wird die Schuld auf die „Unregelmäßigkeiten" im Elternhaus geschoben.

6. Gelegentlich werden gewalttätige Konflikte auch als **eigenes Versagen** gesehen – auf dem Hintergrund des Bedürfnisses nach Harmonie ist dieser Umstand natürlich auch gut nachvollziehbar.

Bei solchen Voraussetzungen ist es natürlich naheliegend, dass sich das Team auf ein Vorgehen einigt, das einheitlich ist.

A *Anregung*
*Diskutieren Sie, welche Konsequenzen ein Erzieherinnen-Verhalten hat, das uneinheitlich auf Aggressionen reagiert (siehe dazu **Lösungen 2.5** am Ende des Buches).*

2.3.2.4 Der Wille – oder: die Selbststeuerung

In Maries Familie erzählt man sich eine Anekdote aus Maries Kindheit.

Marie hatte, als sie etwa vier Jahre alt war, den ganzen Tag über intensiv gespielt. Abends kam ihre Mutter zur ihr ins Zimmer und sagte zu ihrer Tochter, sie solle nun aufräumen. Es sei bald Zeit, ins Bett zu gehen. Darauf erwiderte Marie: „Nein, Mama! Ich will mich nicht mehr bücken!"

Damit hatte Marie klar und fest ihren Willen gegen den der Mutter gestellt. Marie wird damit dem Sprichwort gerecht: „Der beste Wille ist der feste Wille."

*Andererseits kennt **Pepe** ein Sprichwort: „Wo ein Wille ist, ist auch ein Weg."*

Wie andere Motive ist auch der Wille – oder die Selbststeuerung – nicht am ersten Tag nach der Geburt da. Auch der Wille entwickelt sich allmählich – er ist vor allem das Ergebnis von vielen sozialen Interaktionen zwischen dem Kind auf der einen und den Erziehenden oder den Gleichaltrigen auf der anderen Seite:

1. Stadium

Wenn keine Komplikationen auftreten, kann ein Kind von zwei Jahren einfache Aufforderungen ausführen, die Erziehende oder Eltern äußern. Ist das Kind mit einer Tätigkeit beschäftigt, kann es in diesem Alter keine andere Aufforderung ausführen. Wird trotzdem eine Aufforderung geäußert, vollbringt es die erste Tätigkeit nur etwas schneller.

2. Stadium

Bei ca. 3–4 Jahren spielt die Sprache eine wichtigere Rolle. Wenn also ein Kind nach Aufforderung einen Ball drücken soll, sagt es gerne etwas dazu – z. B. „Los!" und drückt den Ball anschließend. Die Sprache unterstützt in diesem Fall die Selbststeuerung und das anschließende Handeln. Das Kind achtet aber nicht so sehr auf den inhaltlichen Zusammenhang zwischen Sprache und Handlung. Wichtig ist eher der Aufforderungscharakter der Sprache, der Anstoß sozusagen.

3. Stadium

Im Alter von 5–6 Jahren erhalten die Worte die eigentlich inhaltliche Bedeutung und werden bei der Ausführung der Handlung wichtig. Man könnte sagen, dass damit der zentrale Teil der Entwicklung des Willens abgeschlossen ist. Auch Erwachsene kommentieren manchmal ihre eigenen Handlungen, wenn sie sich stark konzentrieren wollen oder müssen. Zum Beispiel beim Tanzen lernen – oder beim Autofahren, wenn man Anfänger ist. Die Sprache als Instrument der Selbststeuerung vervollkommnet sich weiter.

4. Stadium

Eine weitere sehr wichtige Hilfe bei der Entwicklung der Selbststeuerung ist die Ausbildung der Aufmerksamkeit, die man wiederum in drei Entwicklungsstadien einteilen kann:
- passive Aufmerksamkeit: Wahrnehmen von Reizänderungen
- aktive Aufmerksamkeit: Hinwendung zu Reizen und eigenständiges Untersuchen der Umgebung
- vorwegnehmende Aufmerksamkeit: die Fähigkeit, mit Vorstellungen wahrscheinliche Entwicklungen vorwegzunehmen.

Anregungen

A

1. Untersuchen Sie Ihr Leben rückblickend: Wann gab es Momente, in denen Sie Ihren Willen zur Geltung bringen mussten?
2. Welche Rolle hat Ihr Wille in Ihrer Ausbildung und Entwicklung gespielt? Diskutieren Sie die Frage in einer Kleingruppe.
3. Diskutieren Sie die Rolle des Willens (der Selbststeuerung) in der Pflege erwachsener Klienten/Patienten.

In früheren Erziehungszeiten, auch in militärischen Ausbildungen oder Berufsausbildungen hat sich die Erziehung bzw. Ausbildung darauf konzentriert, den „Willen der Zöglinge zu brechen", weil man es als ungehörig und störend empfand, wenn der Zögling oder auszubildende Mensch einen eigenen Willen entwickeln wollte.

Heute jedoch sieht man das in der Psychologie und Pädagogik völlig anders. Damit sich ein Mensch in seinem späteren Leben als Erwachsener zurechtfindet, muss er einen eigenen Willen und die Fähigkeit haben, sich selbst zu steuern. Er muss in seinem Leben viele Prüfungen bestehen, die allesamt einen ausgeprägten Willen voraussetzen. Um in seinem späteren Leben nicht zu scheitern, sagt man heute, muss der Mensch es gelernt haben, sich zu behaupten – er muss zeigen, dass er einen Willen und die Fähigkeit zur Selbststeuerung besitzt. Er muss sich mit seinen Eltern und mit den Gleichaltrigen bereits früh auseinandergesetzt haben, damit die Durchsetzung des Willens auch gelingt:

Interaktion Kind – Erziehender – Gleichaltriger

Wille aber, das wurde oben bereits angedeutet, hat in der Erziehung einen bestimmten Stellenwert. Erziehung kann einen Willen brechen wollen – aber ihn auch fördern.

 Anregung

*Diskutieren Sie Möglichkeiten, den Willen zu fördern. (Siehe dazu **Lösungen 2.6**)*

2.3.3 Motivieren

Vom Personal einer Einrichtung das erzieht oder Menschen pflegt, verlangt man gelegentlich, ihre Kinder oder Klienten zu etwas zu **motivieren**.

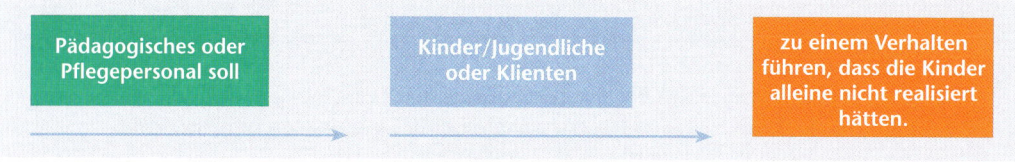

Beispiele

- *Kinder sollen motiviert werden, ihre Hausaufgaben selbstständig zu machen.*

- *Jugendliche sollen motiviert werden, sich selbstständig Informationen zur Berufswahl zu beschaffen.*

- *Kranke sollen motiviert werden, körperlich aktiver zu sein, damit ihre Heilung schneller fortschreitet.*

- *Senioren sollen motiviert werden, Aktivitäten selbst zu planen, damit ihre Selbstständigkeit erhalten bleibt.*

 Anregungen

1. *Finden Sie selbst weitere Beispiele aus Ihren Praktika.*
2. *Diskutieren Sie anhand der Beispiele, wie man motivieren kann. Gehen Sie von der konkreten Situation des Kindes/Jugendlichen oder Klienten/Kranken aus.*
3. *Überlegen Sie dabei, was Sie grundsätzlich machen, wenn Sie motivieren. (Siehe dazu **Lösungen 2.7** am Ende des Buches.)*

Die Erwartungen des Erziehenden oder einer Pflegeperson beim Motivieren sind:

Es muss eine gewisse Wahrscheinlichkeit dafür geben, dass die motivierte Person das neue Verhalten, zu dem sie veranlasst wurde, auch als angenehm, lustvoll oder gewinnbringend erlebt, damit das Motivieren auch einen Effekt hat – nämlich den, dass die neue Tätigkeit selbst motivierend ist oder wird. Damit würde das Motivieren durch einen Erziehenden oder durch einen Pfleger überflüssig. Das Kind oder der Klient würde sich dann selbsttätig motivieren. Dieser „Idealfall" läuft folgendermaßen ab:

Jemand motiviert ein Kind oder einen Klienten.	Das Kind/der Klient realisiert das Verhalten.	Kind/Klient erlebt das neue Verhalten lustvoll, erfolgreich oder gewinnbringend – sozusagen als Erfolg.	Da es erfolgreich war, will das Kind/der Klient sich so verhalten, wie es der Pfleger/Erzieher beabsichtigt hatte.

2.4 Zum guten Schluss

✔ Wenn Sie dieses Kapitel bearbeitet haben, sollten Sie wissen:
✔ Wie entstehen soziale Beziehungen im frühen Kindesalter und welche Bedeutung haben Sie?
✔ Wie pflegt man soziale Beziehungen?
✔ Was sind Bedürfnisse und Grundbedürfnisse?
✔ Welche Bedeutung haben tiefere und höhere Bedürfnisse – und wie hängen sie miteinander zusammen?
✔ Was sind Motive und wie ist ihre Struktur?
✔ Was ist Neugierde und wie funktioniert sie?
✔ Was ist ein Leistungsmotiv und wie entwickelt es sich?
✔ Welche Ursachen kennt man für die Entstehung von Aggression?
✔ Wie könnte man grundsätzlich Aggression und die Bereitschaft zur Gewalt verringern?
✔ Was versteht man unter Motivieren?
✔ Was kann man unter dem Willen oder unter Selbststeuerung verstehen?
✔ Wie entsteht der Wille?
✔ Wie fördert man den Willen oder die Selbststeuerung?

3 Sprache und Kommunikation

Kurze Vorschau

Zu Beginn diskutieren wir den Begriff und die Bedeutung der Sprache. Danach klären wir, was Kommunikation ist bzw. wie sie aufgebaut ist. Zum Abschluss setzen wir uns mit ein paar Sprachstörungen auseinander.

3.1 Begriff und Bedeutung der Sprache

Marie berichtet:

Was ich überhaupt nicht leiden kann, ist das Durcheinander bei einer interessanten Diskussion in der Klasse. Jeder hat dann etwas zu sagen – und tut es auch. Aber keiner hört zu. Jeder quasselt, wie ihm der Schnabel gewachsen ist. Und am Schluss weiß eigentlich keiner, was der Nachbar auf dem Herzen hatte. Jeder hatte was beizutragen, wenn es zum Beispiel darum ging festzulegen, wohin die nächste Klassenfahrt gehen soll. Dann sind wir am Schluss genauso weit wie am Anfang.

Marie ist davon überzeugt:

- *Die* **Sprache** *wäre eine gute Möglichkeit, sich auf ein Ziel für die Klassenfahrt zu einigen – aber die „gute Möglichkeit" wird nicht genutzt. Ein wichtiger Aspekt der Sprache kommt nicht zur Geltung.*
- *Jeder in der Klasse hat vielleicht geäußert, was ihm auf dem Herzen lag, aber verstanden worden ist niemand. Denn kaum einer hat dem anderen zugehört. Jedermanns* **Herzensanliegen***, was die Klassenfahrt angeht, wurde nicht berücksichtigt.*

Die Sprache spielt eine bedeutende Rolle darin,
- unsere Gedanken zu formulieren, sie in Worte zu fassen
- diese Gedanken anderen mitzuteilen, mit anderen zu kommunizieren
- sich selbst dabei zu helfen, indem man sich mit Worten etwas klar macht.

Der russische Psychologe Lew Wygotsky (1987, S. 450 f.) hebt den Zusammenhang von Sprache und Denkentwicklung hervor, indem er sagt:

„(…) dass die Entwicklung des Denkens (…) eng mit der Entwicklung der Sprache verknüpft ist. Mit der verbalen Formulierung wird das Denken fähig, immer neue und immer präzisere Differenzierungen vorzunehmen."

(Wygotsky, 1987, S. 450 f.)

Der amerikanische Philosoph John R. Searle schreibt:

„Man muss eine Sprache haben, um den Gedanken zu denken. Ohne Wörter kann ich glauben, dass es regenet, oder Hunger verspüren, aber ich kann nicht glauben, dass es im nächsten Jahr häufiger regnen wird als in diesem oder dass mein Hunger von einer Unterzuckerung und nicht von einem echten Naturbedürfnis herrührt. (…) Beim Kind entwickeln sich Denk- und Sprachfähigkeit Hand in Hand. (…) Mit Ausnahme der einfachsten Gedanken gilt: Um einen Sprechakt zu vollziehen, benötigt das Kind eine konventionelle Sprache mit Sätzen, die eine konventionelle Satz-Bedeutung haben."

(Searle, 2001, S. 181 f.)

Der neuseeländische **Linguist** Steven Roger Fischer merkt dazu an (1999, S. 191),
(Siehe dazu **Lösungen 3.1**):

„Bereits die alten Ägypter wussten, dass das Wort der Vater des Gedankens ist und erkannten an, dass die Sprache das Fundament und Baumaterial des sozialen Hauses unserer Gesellschaft ist."

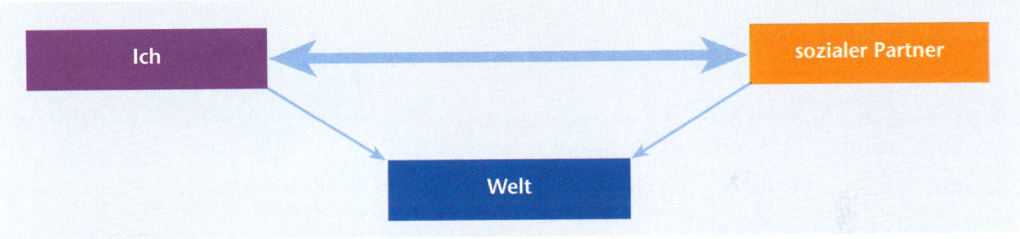

Mit sozialen Partnern kommuniziere ich über die Welt

Das Ehepaar Tausch beschreibt eine weitere sehr wichtige Funktion der Sprache:

„Es gibt Haltungen und Gesprächsaktivitäten einer Person, die in einem anderen heilsame Wirkungen auslösen können. (…) Aber auch Menschen ohne deutliche seelische Beeinträchtigungen suchen Möglichkeiten, wie sie innerlich mit sich selber besser leben können, sie suchen eine Klärung über sich selbst, sie suchen, sich seelisch fortzuentwickeln. Und die hierfür notwendigen Erfahrungen und Vorgänge können sie in förderlichen Einzel- und Gruppengesprächen erhalten. Seelisch förderliche Gruppen- und Einzelgespräche sind gleichsam eine sehr günstige Situation der Förderung der Persönlichkeitsentwicklung von Menschen."

(Tausch/Tausch, 1981, S. 12 f.)

Anregung

A

1. *Denken Sie selbst an Ihre eigenen Erlebnisse mit der Sprachentwicklung zurück und berichten Sie davon. Schreiben Sie Details und Anekdoten aus dieser Entwicklung auf.*
2. *Diskutieren Sie eigene Probleme und Erfolgserlebnisse im Zusammenhang mit der Sprache.*

> ❗ Sprache ist ein strukturiertes System (Grammatik) aus Worten, das der Kommunikation mit anderen dient. Sprache hilft zudem, Gedanken zur Geltung zu bringen – über die Welt und die Zukunft sowie Vergangenheit des Menschen. Sprache unterstützt den Menschen dabei, eigene Bedürfnisse in Worte zu fassen, anderen mitzuteilen und sich selbst weiterzuentwickeln. Sprache ist weiterhin ein gesellschaftliches Kommunikationssystem von herausragender Bedeutung. Sprache kann auch heilen.

3.2 Sprache und Kommunikation

3.2.1 Kommunizieren

Marie möchte mit ihrem Beispiel zu Beginn des Kapitels wahrscheinlich deutlich machen, dass alle reden und quasseln, aber die Kommunikation der Klassenmitglieder nicht zustande kommt, mindestens nicht zufriedenstellend.

> ❗ Kommunizieren bedeutet in unserem Zusammenhang, andere Menschen an etwas teilhaben oder teilnehmen zu lassen oder aber ihnen etwas mitzuteilen.

Maries Aussage bedeutet also übersetzt:

Maries Klassenkamerad/innen reden viel, aber sie teilen sich nichts mit, denn sie vernehmen nicht wirklich, was ihnen an Worten der anderen „um die Ohren fliegt".

Bildlich gesprochen könnte das so aussehen:

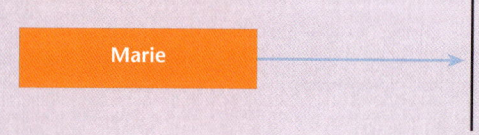

Marie redet „gegen eine Wand"!   *Thorsten hört vielleicht – aber er versteht nichts!*

> ❗ Man kann etwas mitteilen, aber der Empfänger nimmt es nicht auf oder wahr. Man kann auch eine Mitteilung hören, aber nicht verstehen, was gemeint ist.

> ❗ Die soziale Bedeutung der Kommunikation aber entsteht dadurch, dass jemand etwas mitteilt und der Empfänger es versteht. Der Empfänger erwidert nun etwas darauf und sein Kommunikationspartner versteht die Erwiderung – und antwortet erneut.

Marie und Thorsten kommunizieren miteinander: Marie teilt mit und nimmt wahr – Thorsten teilt mit und vernimmt, was Marie zu sagen hat und antwortet

Mitteilen aber kann man mithilfe
- der Sprache
- der Mimik und Gestik
- anderer Mittel

Beispiele für Kommunikation

1. Thorsten sagt zu Pepe: „Kannst Du Dich nicht mit Deinen Hausaufgaben beeilen, damit wir noch zum Fußball kommen?" Pepe erwidert: „Was ist denn das für ein komischer Vorschlag? Ich habe heute ein Referat zu machen und deshalb überhaupt keine Zeit für Fußball."
2. Marie zwinkert Sophie mit den Augen zu und lacht.
3. Mehmet winkt seinem Freund Hannes, als der aus der Schule kommt. Hannes schaut zu Mehmet und geht in eine andere Richtung weiter.

A

Anregungen

1. Diskutieren Sie, was die drei Beispiele mit Kommunikation zu tun haben. Geben Sie den Beispielen eine Überschrift.
2. Finden Sie selbst für jede Art der Kommunikation ein Beispiel (oder mehrere) aus Ihrem eigenen Leben.

Siehe dazu **Lösungen 3.2** am Ende des Buches.

Es gibt eine (menschliche) Kommunikation mittels Sprache (= verbale Kommunikation) und eine Kommunikation mit anderen Mitteln. Die Kommunikation mithilfe von Sprache ist in der Regel genauer. Die Kommunikation mithilfe der Mimik oder der Gestik kann unter Umständen aber Emotionen ausdrücken, die mit der Sprache schwerer zu bewältigen sind. **!**

Mimik und **Gestik** können zwar als eigenständige Kommunikation gebraucht werden, sehr häufig oder in der Regel untermalen Mimik und Gestik jedoch die verbale Kommunikation. Zum Beispiel hebt man gerne bei verbalen Drohungen Arm und Zeigefinger. „Wenn Du nicht sofort damit aufhörst ...!" Oder man lächelt, wenn man jemandem freudig begrüßt: „Schön, dass wir uns wiedersehen!" Fehlt die Mimik und Gestik bei einigen Beispielen der verbalen Kommunikation, so kann es leicht zu Missverständnissen kommen. Zum Beispiel kann man jemanden kaum freudig begrüßen, wenn man nicht dabei lächelt. Oder man wird missverstanden, wenn man etwas sehr Ernstes äußert, aber dabei ein Lächeln von sich gibt.

Das passt nicht zusammen!

Sprachliche Kommunikation sowie Mimik und Gestik müssen zueinander passen. Tun sie das nicht, kann es zu Missverständnissen kommen.

Anregungen
1. *Führen Sie kleine Rollenspiele durch: Begrüßungen, Aufforderungen, Verabredungen, Vereinbarungen usw.*
2. *Nicht-Spieler beobachten die Szenen und beschreiben die mimischen und gestischen Anteile der Kommunikation.*
3. *In Kleingruppen wird überlegt, wie mimische/gestische Anteile zu den sprachlichen Anteilen passen, ob sie verbessert werden könnten usw.*
4. *Oder überlegen Sie sich die gestischen und mimischen Anteile der unten aufgeführten Beispiele und spielen Sie diese in einer kleinen Szene und diskutieren Sie sie anschließend.*

> Lass mich doch damit in Ruhe!
> Das stinkt mir!

Marie

> Mit dir arbeite ich
> am liebsten!

Pepe

> Was würden Sie denn
> ohne mich anfangen?

Thorsten

3.2.2 Aufbau der Kommunikation

Marie saß neulich während der Pause in einer sonnigen Ecke des Schulhofs. Sie bemühte sich nicht um Kontakt mit ihren Freundinnen und Klassenkameraden.

Diejenigen, die Marie besser kannten, stritten sich derweil, was das zu bedeuten hatte.
Die einen sagten: Sie zeigt, dass sie ihre Ruhe haben will.
Andere meinten: Sie will jetzt gerade nicht mit uns sprechen.
Einer aber sagte: Ich bin ihr wohl nicht gut genug!

Wie kann man das Rätsel lösen? Doch wohl nur dadurch, dass wir Marie fragen! Bevor wir das getan haben, hat eigentlich jeder Recht – oder Unrecht.

Gesten können Verschiedenes aussagen oder bedeuten. Um sicher zu sein was sie bedeuten, könnte man denjenigen oder diejenige fragen, die die Geste gerade vollführt hat.

!

Ebenso wie beim ersten Beispiel könnte **Marie** in einer Ecke des Schulhofs sitzen und **weinen**. Wir könnten uns fragen: Was sagt sie uns damit?

Anregungen

A

1. Diskutieren Sie die möglichen Bedeutungen?
2. Schauen Sie nach unter **Lösungen 3.3** am Ende des Buches.

Zu Missverständnissen kann es kommen, wenn man z. B. eine Geste anders deutet oder anders versteht, als sie vom „Sender" gemeint war. Ein Missverständnis wäre in diesem Fall eine von der Auffassung des „Senders" abweichende Interpretation.

!

Auch die sprachliche Kommunikation kann missverstanden werden. Sie kann verschieden interpretiert werden, besonders dann, wenn sich der Sender nicht klar genug ausdrückt. Der Kommunikationsforscher Friedemann Schulz von Thun sagt deshalb, dass eine Aussage vier verschiedene Interpretationsmöglichkeiten hat:
1. Eine Aussage übermittelt eine **Sachinformation**: z. B. Es ist jetzt Pause, der Unterricht hat begonnen, es regnet draußen usw. Kurz: „**Worüber ich informiere**".
2. Die Aussage einer Person kann etwas über die Person bekanntgeben, die die Aussage formuliert hat. Damit offenbart die Person etwas über sich – sie stellt sich in einer bestimmten Art und Weise dar. Das nennt Schulz von Thun „**Selbstoffenbarung**": „**Was ich von mir selbst kundgebe**".
3. Aus einer Nachricht geht aber auch hervor, welches Verhältnis der Sender zum Empfänger hat, wie er seine Beziehung zu ihm definiert. Kurz: „**Was ich von Dir halte und wie wir zueinander stehen**".
4. Mit dem letzten Aspekt einer Nachricht oder Aussage des Senders wird offenbar, welche Funktion sie hat bzw. wie der Sender Einfluss zu nehmen gedenkt. Diesen Aspekt nennt der Forscher Appell-Charakter. Kurz: „**Wozu ich Dich veranlassen möchte**".

(vgl. Schulz von Thun, 1998, S. 26–30)

An einem *Beispiel* zeigt Schulz von Thun auf, wie er den Sachverhalt verstanden wissen will:

Zwei Personen sitzen im PKW. Aussage einer Person: „Du, da vorne ist grün!"

Mögliche Bedeutungen der Nachricht:

Sachinformation	Selbstoffenbarung	Beziehung	Appell
„Die Ampel ist grün".	„Ich habe es eilig!"	„Du brauchst meine Unterstützung!"	„Sieh zu, dass Du vorankommst!"

Der „Sender" hat vier Möglichkeiten der Übermittlung einer Nachricht. Der Empfänger hat ebenfalls vier Möglichkeiten, eine Aussage des Senders zu verstehen.

!

Beim **Kommunizieren** hat also jeder Sender die **Möglichkeit**,
- jemanden sachlich zu informieren
- sich selbst darzustellen
- seine Beziehung zum Gegenüber zu umschreiben
- jemanden zu irgendetwas zu veranlassen

Aber auch der **Empfänger** hat die Möglichkeit, die „Botschaft" des Senders in vier verschiedenen Weisen zu verstehen:

- als Information
- als die Selbstdarstellung des Senders
- als Klärung der Beziehung
- als Aufforderung durch den Sender, etwas zu tun (Appell)

Beispiele zu „**Du, da vorne ist grün**"
1. Der Sender meint die Aussage als Selbstoffenbarung („Ich habe es eilig!"). Der Empfänger (hier der Fahrer) aber versteht es als Aufforderung, endlich zu fahren („Fahr endlich") – er ist deswegen etwas sauer. Ein Missverständnis?
2. Der Sender meint es als Beziehungsklärung („Du hast noch nicht so viel Erfahrung. Ich unterstütze Dich dabei!"). Der Empfänger versteht es als Selbstoffenbarung und fragt deshalb: „Hast Du noch viele Termine heute?" Ein Missverständnis?

Missverständnisse in der alltäglichen Kommunikation sind sehr häufig. Denn niemand von uns ist perfekt. Es gibt sicher Missverständnisse, die von geringer Bedeutung sind, und solche, die „unter die Haut gehen".

Um Missverständnisse aufklären zu können, muss man aber wissen,
- was falsch gelaufen ist und
- wie man sie wieder behebt.

! **Um Missverständnisse zu vermeiden, achtet man auf die Wortwahl und verwendet die Gesten und die Mimik, die zu der (verbalen) Aussage passen.**

3.2.3 Die Gestaltung des Gesprächs und der Kommunikation

Im **Berufsleben** ist es von großer Bedeutung, dass man in der Lage ist, Gespräche und Kommunikation zu gestalten – das kann im Detail bedeuten:
- In der Lage zu sein, Einfluss auf Gespräche (z. B. im Team) zu nehmen
- Gespräche mit Kindern und Erwachsenen oder Patienten zu beginnen und den Verlauf zu gestalten
- Gespräche zu leiten (zu moderieren)
- Konfliktgespräche so zu führen, dass es zu einem Ergebnis kommt, das beide Seiten im Konflikt befriedigt.

Pepe gesteht, dass es ihm manchmal schwerfällt, in einem Streit mit dem besten Freund sachlich zu bleiben. Er neigt dazu, sagt er, aufzubrausen und laut zu werden.

Marie fällt es manchmal schwer, in Gesprächen mit Bekannten und Freunden bis zum Schluss zuzuhören. „Manchmal interessiert mich das echt nicht, was die so alles erzählen", sagt sie.

Die berufliche Situation unterscheidet sich natürlich von der Gesprächssituation mit Freunden und Bekannten.

A

Anregungen

1. *Diskutieren Sie über die Unterschiede zwischen Gesprächen mit Freunden und Gesprächen im Beruf.*
2. *Machen Sie eine Liste mit den Unterschieden – stellen Sie die wichtigsten Aspekte an den Anfang.*

Grundsätzlich kann man raten:

!

Bei der Gestaltung eines Gesprächs im beruflichen Rahmen sollte man auf dreierlei achten: Deutlich und überlegt sprechen, dem Gegenüber gut zuhören, bei Missverständnissen bereit sein, zu klären.

Genauer ausgedrückt könnte das bedeuten:

1. Die Gefühle des Gesprächspartners akzeptieren – Urteile über seine Aussagen vermeiden.
2. Sich in die Vorstellungswelt des Anderen hineinversetzen.
3. Bei Bedarf Kompromisse oder Vereinbarungen bei unterschiedlichen Auffassungen anstreben.
4. Mögliche Folgen der Gesprächsinhalte im Auge behalten.
5. Verzicht auf Drohungen, Unterstellungen und Abwertungen.
6. Auf angemessene Lautstärke achten.
7. Der Profi übt Zurückhaltung bei der Selbstdarstellung.
8. Sich auf das „Hier und Jetzt" konzentrieren, weniger auf das „Damals".
9. Verzicht auf Ratschläge!
10. Bei Konfliktgesprächen auf mögliche Gemeinsamkeiten achten, nicht auf dem Trennenden herumreiten. *(vgl. Kühne, 2005, S. 176)*

A

Anregungen

1. *Suchen Sie sich einfache Gesprächssituationen und spielen Sie sie in Rollenspielen. Wählen Sie auch Situationen aus, in denen unterschiedliche Auffassungen zum Tragen kommen.*
2. *Lassen Sie sich beim Spiel von den Klassenkameradinnen beobachten und diskutieren Sie die Rollenspiele vor dem Hintergrund der oben angegebenen Regeln.*
3. *Spielen Sie anschließend das Spiel noch einmal – versuchen Sie eine verbesserte Version je nach Ausgang der Diskussion.*

A

Anregungen

Diskutieren Sie, was man von einem Diskussionsleiter erwarten kann. Schauen Sie auch unter **Lösungen 3.4** *am Schluss des Buches. Üben Sie die Diskussionsleitung von Zeit zu Zeit.*

Gespräche mit Kindern sind in der Regel eine erfreuliche Angelegenheit, da Kinder weltoffen und wissbegierig sind. Es macht meistens Freude, sich mit ihnen zu unterhalten. Unterstützen kann man Kinder in ihrer Sprachentwicklung,

- wenn man ihnen interessiert zuhört – denn sie sollen vor allem sprechen, weil sie noch viel zu lernen haben
- wenn man sie dafür verstärkt, dass sie sich mit etwas sprachlich auseinandersetzen
- wenn man sie nicht ständig verbessert – die beste Art der Korrektur ist, ein Wort oder einen Satz noch einmal zu sagen, ohne die Wiederholung als Verbesserung darzustellen.

3.3　Sprachstörungen

Nach Gail A. Wasserman (1998, S. 264) können Sprachstörungen offensichtlich oder verborgen sein, sodass man sie beim ersten Beobachten nicht wahrnehmen kann. Sprachstörungen

- können das Lernen behindern
- können die Entwicklung der Emotionen erschweren
- können die Entwicklung des Sozialverhaltens beeinträchtigen und
- die alltägliche Kommunikation behindern oder erschweren.

Andererseits sollte man als Erziehender auch wissen, dass Verzögerungen bei der Entwicklung der Sprache nicht zwangsläufig bedeuten müssen, dass Probleme dahinterstecken. Es gibt eben Kinder, die sich weniger häufig äußern als andere und damit weniger Übung haben als andere Kinder. Übung aber bedeutet grundsätzlich Lernfortschritt. Wenig sinnvoll ist es in solchen Fällen, Druck auszuüben – eher ist Geduld angesagt. Anregungen bereitzuhalten, wäre die richtige Antwort.

Stottern

bedeutet nach Gail A. Wasserman (1998, S. 264) eine häufige „Wiederholung von Silben oder Worten" mit steigender Tendenz der Wiederholung. Dabei werden die Muskeln des Sprechapparates krampfartig zusammengezogen:
„Der Stotterer hat Schwierigkeiten, bestimmte Laute besonders am Wortanfang auszusprechen, sodass es zu Stockungen und mehrfachen Wiederholungen kommen kann. Gleichzeitig sind verspannte Mitbewegungen zu beobachten, wie zum Beispiel ein Augenaufreißen, ein Verziehen des Mundes, ein Stirnrunzeln oder ein Verkrampfen der Schultermuskulatur." *(Trapmann/Liebetrau/Rotthaus, 1971, S. 165)*

Stottern beginnt meist zwischen dem 2. und 7. Lebensjahr. Gelegentliches Wiederholen aber kann jedem Kind passieren und ist nicht mit Stottern gleichzusetzen. Damit einher geht meist eine erhöhte Nervosität und Ängstlichkeit beim Sprechen. Der Spott und die Aufmerksamkeit anderer verstärkt in der Regel das Stottern. Leistungsdruck scheint auch eine wichtige Rolle zu spielen.

Die Therapie des Stotterns übt zum Beispiel rhythmisches und langsames Sprechen ein. Auch die Spieltherapie hilft dabei, dass die Klienten ihre Gefühle ausdrücken können. Für Erziehende empfiehlt es sich, sehr geduldig zuzuhören, nicht zu lachen und eine entspannte Atmosphäre zu schaffen.

Verzögerte Sprachentwicklung

bedeutet einen bleibenden Rückstand (gegenüber dem Durchschnitt der Gleichaltrigen) sowohl, was die Kenntnis der Worte als auch die Kenntnis der Sprachstrukturen (Grammatik) betrifft. In der Regel haben die Kinder auch zu wenig Übung beim Sprechen. Ursachen können sein:

- Die Eltern sind sich nicht bewusst, dass man mit dem Kind sprechen muss, damit es sich sprachlich weiterentwickeln kann.
- Die sprachliche Kommunikation wird kaum oder zu wenig geübt. Die Situation der Familie ist schwierig.
- Schlechte Vorbilder: Die Eltern sprechen mangelhaft oder zu wenig.
- Probleme bei der akustischen Wahrnehmung; auch Sehschwäche (vgl. Trapmann, Rotthaus, Liebetrau, 1971, S. 219).
- Erhöhter Fernsehkonsum.

Eine gezielte Förderung ist dann besonders erfolgversprechend, wenn sie früh, regelmäßig und systematisch erfolgt. Kinder und Jugendliche müssen in diesem Zusammenhang mit sprachlicher Kommunikation konfrontiert werden, sodass sie die Möglichkeit haben, selbst zu üben. Jemanden vor das TV-Gerät zu setzen, damit er Sprache üben kann, ist sinnlos. Sprache muss vor allem gesprochen werden (vgl. Kühne, 2008, S. 87 ff.)

Lese- und Rechtschreibschwäche

Von der Lese- und Rechtschreibschwäche (Legasthenie) spricht man, wenn jemand beim Schreiben und Lesen Probleme hat, obwohl er mindestens eine normale Begabung hat. Es werden typische Fehler beim Schreiben gemacht: Ähnliche Buchstaben werden verwechselt: zum Beispiel g und q; d und g, d und b usw. Man geht inzwischen davon aus, dass diese Menschen eine Raumordnungsstörung im Gehirn haben, ohne dass die Intelligenz davon betroffen wäre.

In der Therapie ist es wichtig, dass Klienten Erfolgserlebnisse beim Schreiben und lesen sammeln können. Sie müssen das, was ihnen gelingt, als Erfolg empfinden – und sie müssen viel üben. Wobei das spielerische Üben bevorzugt werden sollte. Interessante und spannende Bücher helfen auch.

Sprechverweigerung (Mutismus)

„Unter Sprechverweigerung (psychogener Mutismus) verstehen wir ein seelisch bedingtes Schweigen. Die Kinder sind in sehr beschränktem Umfang in der Lage, zu Anderen einen sprachlichen Kontakt aufzunehmen. In seltenen Fällen ist der Sprechkontakt sogar total abgerissen."   *(Trapmann, Rotthaus, Liebetrau, 1971, S. 153).*

Die Kinder schweigen in den meisten Situationen, es drängt sie gewöhnlich nicht, etwas in einer Gruppe zu sagen. Möglich ist ferner, dass es in angespannten Situationen, beispielsweise in der Schule, lieber schweigt, zu Hause aber etwas mehr spricht.

Ein sehr anschaulicher Film ist in diesem Zusammenhang „Robert – mein Kind spricht nicht", der bei Landesbildstellen auszuleihen ist.

Die Therapie der Sprechverweigerung ist sehr schwierig. Wichtig aber scheint zu sein, dass der Klient allmählich Selbstvertrauen in seine Fähigkeiten erwirbt.

Der Begriff „Sprechverweigerung" ist eigentlich unkorrekt, weil es nicht um eine Verweigerung im eigentlichen Sinne geht; eher ist eine Unfähigkeit zu sprechen gemeint.

Sprachstörungen im weitesten Sinne

sind Störungen der Kommunikation, die im Zusammenhang mit anderen psychischen Erkrankungen oder Störungen auftreten – wie etwa Aggressivität, Angst-Krankheiten usw.

Man muss davon ausgehen, dass zum Beispiel Aggressivität (als „Sprache der Gewalt") ebenfalls sprachliche Kommunikation behindert. Denn Gewalt ist in gewissem Sinne eher „sprachlos" und nicht in der Lage, das angemessen zu äußern, was wichtig wäre.

Bei übergroßer Angst wird die Sprachäußerung behindert oder verhindert.

3.4 Zum guten Schluss

 Nun, mit dem Abschluss des Kapitels, sollten Sie folgende Kenntnisse haben:
✔ Worin besteht die Bedeutung von Sprache und Kommunikation für den Menschen?
✔ Sie sollten erläutern können, was „Kommunizieren" bedeutet.
✔ Sie sollten wissen, was man unter der Struktur der Kommunikation versteht.
✔ Sie können erklären, was Sprachgestaltung in verschiedenen Situationen bedeutet.
✔ Sie sollten ein paar Sprachstörungen kennen und erläutern können.

4 Die Entwicklung des Menschen

Kurze Vorschau

In diesem Kapitel beschäftigen wir uns mit der Entwicklung des Menschen. Es wird zum Beispiel um die Entwicklung des Selbst, um die motorische Entwicklung und um die Entwicklung des Spracherwerbs gehen. Außerdem diskutieren wir das Thema Förderung. Danach geht es um Verhaltensauffälligkeiten und Entwicklungsstörungen.

4.1 Der Begriff „Entwicklung"

Pepe berichtet von einem Beispiel:

Als wir vor ein paar Jahren bei meiner Tante waren, hatte diese gerade ein Kind zur Welt gebracht. Ich war erstaunt, dass das Kind die meiste Zeit des Tages über schlief. Genau ein Jahr später konnte das Kind schon zwei Worte sprechen. Ein halbes Jahr später waren wir wieder zu Besuch. Das Kind konnte bereits laufen, indem es sich an den Möbeln und an der Wand festhielt. Es sprach auch ein paar Worte und schaute mich einmal ganz lange an. Jetzt ist der Junge bereits vier Jahre alt, spricht sehr viel und fährt sogar schon vor dem Haus Fahrrad.

*Pepe hat Sachverhalte geschildert, die auf die **Entwicklung** eines menschlichen Kindes aufmerksam machen. (Auch Säugetiere entwickeln sich, aber anders als der Mensch.)*

- *Zu Beginn seines Lebens schläft das menschliche Kind mehr als drei Viertel des Tages.*
- *Im Verlaufe des ersten Jahres erwirbt das Kind ein paar Fertigkeiten: Es kann krabbeln, sitzen und am Ende sogar laufen.*
- *Um das erste Lebensjahr spricht es die ersten Wörter.*
- *Zwischen dem 1. und 2. Lebensjahr wird es sicherer mit dem Laufen usw.*

Wortbedeutung

Mit dem Wort **entwickeln** bezeichnet man in der deutschen Sprache Sachverhalte wie:
- „seine Anlagen entfalten"
- „allmählich entstehen, sich herausbilden"
- „etwas Neues werden und doch der- oder dieselbe bleiben"

(1) Eine geordnete Veränderung vom einen Zustand in den anderen, die nachhaltig ist. Das bedeutet, dass weitere Veränderungen folgen, darauf aufbauen oder in einen Zustand der Stabilität führen können. (2) Entwicklung ist auch die „Entfaltung eines Bauplans hin zu einem Reifezustand" (Montada, 2002, S. 3).

Die menschliche Entwicklung speist sich aus drei verschiedenen Sachverhalten:

aus Prozessen der **Reifung**	aus **Lernprozessen**	aus Prozessen der **Selbststeuerung**; sich selbst zu gestalten (Eigendynamik)
Mit Reifung ist eine biologische Grundlage gemeint: Das Gehirn, der Körper reifen heran, bis die Reife abgeschlossen ist. Das ist beim Menschen in der Pubertät der Fall.	Der Mensch ist gerade das Wesen, das sehr viele Veränderungen durch Lernprozesse erreichen kann. Ein Mensch kann beinahe unbegrenzt lernen (siehe Kapitel 5 Lernen).	Das ist so etwas wie die Eigenverantwortlichkeit der Lebensplanung: Berufswahl, Existenz-Entscheidungen, Partnerwahl usw.

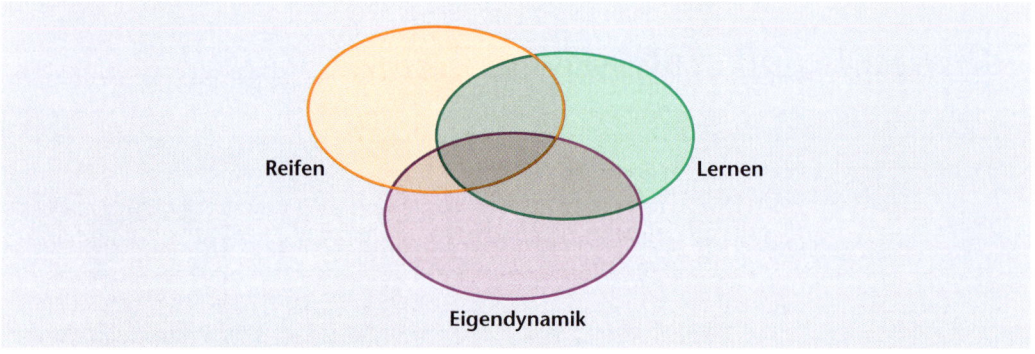

Reifen, Lernen und Eigendynamik beeinflussen sich gegenseitig

Das Zusammenspiel der drei Bestandteile bedeutet auch:
- In der **Reifung** drücken sich auch die Erbanlagen des Menschen aus. Sie entfalten sich.
- Die Entfaltung der Erbanlagen benötigt die entsprechende Umwelt. **Lernprozesse** müssen von der Umwelt (den Eltern und Erziehenden) unterstützt werden. Sonst verkümmern die Anlagen.
- Jeder Mensch hat einen **Willen**, der entscheiden kann, welche Schwerpunkte er im Rahmen seiner Möglichkeiten setzt. Körperliche und geistige Behinderungen etwa schränken die Möglichkeiten der **Eigendynamik** ein.

Die **Entwicklung** kann unterschiedlich **verlaufen** und wird daran gemessen, wie sie durchschnittlich bei anderen Individuen verläuft:
- Sie kann sehr langsam verlaufen (Entwicklungsverzögerung).
- Sie kann schneller verlaufen als bei anderen Kindern.
- Sie kann anfangs schnell – dann langsamer verlaufen, oder umgekehrt.
- Sie kann mit der einen oder anderen Störung verlaufen.

Damit ist gesagt, dass es auch Probleme geben kann. Bei Schwierigkeiten, die man erkennt, ist es sinnvoll, zu einem Experten zu gehen. Experten der Entwicklungspsychologie arbeiten in Psychologischen oder Erziehungsberatungsstellen. Solche Experten stellen eine Diagnose und beraten die Eltern oder sie vermitteln bei Störungen oder einer Erkrankung in eine Therapie.

Beispiele

> **Lina** ist ein aufgewecktes Kind. Schon im Kindergarten konnte sie viele Wörter in Büchern oder in der Zeitung lesen und wollte immer noch mehr wissen. In der Schule gehört sie mit zu den besten Schülerinnen. Sie arbeitet mündlich sehr eifrig mit. In Mathematik kann ihr keiner was vormachen. Selbst ihrer Mutter rechnet sie manchmal vor, wie es „richtig" sein muss.

> **Daniel** ist sehr geschickt, was die körperliche Bewegung angeht. Er fährt schon relativ sicher mit seinem Kinderfahrrad ohne Stützräder. Wenn er sich aber im Hort oder in der Schule mit Hausaufgaben beschäftigt, braucht er sehr lange. Er kann sich schwer konzentrieren. Das geht bei allen Hausaufgaben so. Er ist lieber draußen und spielt mit Jungen wilde Spiele; es kann ihm nicht verrückt genug sein. Die Erzieherin im Hort sagt, seine Eltern wollen sich vermutlich scheiden lassen.

Überlegungen zu den beiden Kindern

Lina: Niemand weiß genau, woher Lina ihr Interesse für die Sprache hat. Sie ist auch eifrig in der Kommunikation mit ihren Klassenkameraden. Ihre Eltern sind beide eher zurückhaltend. Viele Bücher haben die Eltern auch nicht im Haushalt. Sie lesen beide gerne die Tageszeitung – das ist aber auch alles.
Aber die Mutter hat in ihrer Kindheit auch gerne gerechnet. In der gesamten Schulzeit hatte die Mutter stets gute Noten in Mathematik.
Mit ihren Eltern und dem jüngeren Bruder Tom versteht sich Lina sehr gut. Im Ganzen ist sie ein sonniges und kreatives Kind.

Daniel: Im Kindergarten schon hat Daniel gerne draußen gespielt. Sein Spiel im Gruppenraum war auch konzentriert. Dass er in der Schule ein wenig an Konzentrationsmangel leidet, ist seit kurzem erst der Fall.
Das Verhältnis zu den Eltern scheint ein wenig gespannt zu sein, sagt die Hort-Erzieherin. Das beruht vielleicht auf Gegenseitigkeit, meint sie. Unter Umständen spürt der Junge, dass sich seine Eltern scheiden lassen wollen, vielleicht weiß er es sogar.
Wenn die Furcht Daniels vor der Scheidung der Eltern zunimmt, kann es zu Lernschwierigkeiten kommen. Dann wäre es angebracht, zu einer Beratungsstelle oder zu einem Therapeuten zu gehen, um sich beraten zu lassen.

Nicht immer kann man vererbte Eigenschaften, von der Umwelt Erworbenes und aus der Eigendynamik entstandene Sachverhalte genau auseinanderhalten. Es ist für den Laien eher schwer, die drei Aspekte beim konkreten Menschen zu unterscheiden. Da alle drei Bestandteile sich gegenseitig beeinflussen, können Sie auch zu einer Einheit verschmelzen, bei der Anlage, Umwelt und Eigendynamik nicht mehr voneinander zu unterscheiden sind.

Anlage, Umwelt, Eigendynamik

Bei Lina vermutet man zunächst, dass sie die mathematische Begabung von der Mutter hat (Anlage). Selbst wenn es so sein sollte, trägt zu ihrem **Talent** bei, dass sie in Ruhe und in ihrer Familie **lernen** kann.
Dass Lina so problemfrei und lebendig mit anderen Menschen kommunizieren kann, liegt vielleicht daran, dass es ihr großen Spaß macht (Eigendynamik). Auf jeden Fall unterstützt die Harmonie in der Familie (**Umwelt**) ihre Bemühungen, sich zu verständigen.
Dass Daniel gerne draußen spielt, ist nicht besonders auffallend. Die meisten Jungen spielen gerne draußen. Sie bewegen gerne ihre Arme und Beine.

Dass er aber in der Grundschule Konzentrationenprobleme hat, hängt vielleicht damit zusammen, dass er große Angst davor hat, dass sich die Eltern scheiden lassen wollen, wie wir oben schon bemerkt haben. Seine familiäre Umwelt macht ihm vielleicht das Lernen in der Schule schwer. Da lebt er seine Stärken – das Spiel im Freien – gerne aus. Dabei kann er nämlich toben und laut spielen.

! **Mit leichtfertigen Äußerungen darüber, welches das Erbe eines Menschen sei und was von der Umwelt beeinflusst worden sein könnte bzw. was sich aus der Eigendynamik entwickelt hat, muss man sich sehr zurückhalten, denn sichere Aussagen zu machen, ist schwierig und problematisch.**

4.2 Merkmale der Entwicklung

Der Entwicklungsverlauf ist für alle Menschen ähnlich (1)

Zuerst sitzt das Kind, bevor es geht. In der Regel zeichnet der Mensch zuerst einen Kreis, bevor er ein Rechteck zeichnen kann. Zuerst spricht er einzelne Worte, später ganze Sätze.

Das sind Sachverhalte – und es gibt noch viel mehr davon, die bei allen Menschen ähnlich sind. Abweichungen gibt es, aber sie sind die Ausnahmen.

Das bedeutet gleichzeitig: Jede Entwicklung hat eine Reihe aufeinanderfolgender Abschnitte, die bei jedem Menschen ähnlich verlaufen.

Auch wenn die Entwicklungsgeschwindigkeit unterschiedlich schnell ist: Die Reihenfolge der Abschnitte bleibt gleich.

Die Entwicklung läuft vom Allgemeinen zum Besonderen (2)

Ein Kind beherrscht zuerst die Armbewegungen – später die gezielten Ballbewegungen. Es läuft zuerst und kann danach das spezifischere z. B. das Fußballspielen oder Springen erlernen.

Ähnlich geht es mit den Emotionen, die im Laufe des Lebens differenzierter und komplizierter werden.

Die Entwicklung ist fortlaufend (kontinuierlich) und nicht sprunghaft (3)

Die Zähne sind nicht von heute auf morgen da. Sie wachsen langsam und allmählich, bis man sie sieht. Das Durchstoßen des Kiefers ist der letzte Akt, was vorher allmählich entsteht, sieht man nicht.

Auch die Sprache entwickelt sich allmählich. Nicht von einem auf den anderen Tag. Zuerst hört man die einzelnen Worte (meist nicht ganz korrekt). Danach kommen die Sätze und später beherrscht das Kind die Sprache mit komplizierteren Nebensätzen.

All diese Entwicklung verläuft allmählich und kontinuierlich.

Die Entwicklungsgeschwindigkeit ist für die einzelnen Bereiche der Entwicklung unterschiedlich (4)

Lymphknoten, Rückenmark, Nieren und Eierstöcke z. B. haben sehr unterschiedliche Entwicklungsgeschwindigkeiten.

Das Gedächtnis für konkrete Sachverhalte entwickelt sich schneller als das Gedächtnis für Theorien und abstrakte Dinge.

Verschiedene Entwicklungsbereiche beeinflussen sich gegenseitig (5)

Die verschiedenen Entwicklungsbereiche haben Einfluss aufeinander. So ist ein Kind, das sich gut bewegen kann, zufriedener als ein Kind, das körperlich behindert ist.

Die körperliche Reifung in der Pubertät hat einen starken Einfluss auf die Gefühle der Jugendlichen.

Ist jemand sehr erregt und aufgebracht, kann er nicht so klar denken. Und wenn in seinem Leben vieles schief läuft, hat er oft große Mühe, sich unter Kontrolle zu halten.

Schließlich und endlich können wir sagen: Geist, Seele und Körper des Menschen bilden eine Einheit. Immer, wenn sich ein Teil bei den drei Größen verändert, hat das Einfluss auf den gesamten Menschen. Der Mensch ist eine Einheit.

4.3 Entwicklungsbereiche – in Auswahl

Aus den Entwicklungsbereichen wollen wir drei auswählen: Die Entwicklung des Selbst (der Identität, die Entwicklung der Bewegungsfähigkeit (Motorik) und die Entwicklung der Sprache.

4.3.1 Die Entwicklung des Selbst – oder: Grundbedürfnisse des Menschen

René A. Spitz machte Mitte des letzten Jahrhunderts die Beobachtung, als er verschiedene Forschungsberichte durchgelesen hatte, dass die Kindersterblichkeit in Kinderheimen sehr groß war. (Heute gibt es in solchen Anstalten eine andere Art von Problemen.) Also entschloss er sich, näher zu untersuchen, wodurch die **Entwicklung** der Heimkinder beeinträchtigt wird. Er schrieb:

„Das Ziel meiner Forschung besteht darin, die krankmachenden Faktoren (…) zu untersuchen, die dafür verantwortlich sind, ob die Entwicklung des Kindes eine günstige oder eine ungünstige Entwicklung nimmt." *(Spitz, 1985, S. 92–93).*

In einem Säuglingsheim und in einem Findelhaus machte er über längere Zeit Untersuchungen, indem er z. B. den **Entwicklungsstand** der Kinder feststellte. Wenn man einen Entwicklungstest macht, erhält man – ähnlich wie beim Intelligenztest – einen **Entwicklungsquotienten** (auch EQ genannt).

Art des Heimes	Entwicklungsquotient	
	durchschnittl. EQ in den ersten 4 Monaten des 1. Lebensjahres	Durchschnittl. EQ in den letzten 4 Monaten des 1. Lebensjahres
Säuglingsheim	101,5	105
Findelhaus	124	72

(Kühne/Harder-Kühne/Pohl, 1997, S. 11)

Diskussion des Ergebnisses:
- Der EQ des normal entwickelten Kindes liegt bei 100.
- Die Entwicklung der Kinder im Säuglingsheim ist innerhalb des ersten Lebensjahres normal geblieben; er hielt sich relativ konstant.
- Der Entwicklungsquotient der Kinder im Findelhaus ist innerhalb des ersten Lebensjahres rapide und dramatisch gesunken.
- Es muss gefragt werden: Welche Umstände im Säuglingsheim führten dazu, dass der EQ derart sinken konnte.

Im Vergleich der beiden Heime miteinander ergab sich Folgendes:

Säuglingsheim	Findelhaus
Im Säuglingsheim herrschte eine freundliche Atmosphäre.	Die Atmosphäre im Findelhaus ist monoton.
Die Kinder konnten ihre Umgebung sehen. Sie konnten auch Personen sehen, die Kinder vorbeitrugen oder sich miteinander unterhielten.	Die Abwechslung der Kinder bestand nur zu Essenszeiten, in denen die Monotonie unterbrochen wurde. Über die Seitengitter und die Gitter am Fußende hingen weiße Tücher, sodass die Kinder nur die Decke des Zimmers sehen konnten.
Die Kinder konnten sich in ihrem Bettchen bewegen, wie sie wollten. Es bestand auch ein Anreiz, mit der Umgebung Kontakt aufzunehmen.	Die Kinder lagen den ganzen Tag in ihren Bettchen. Nach Monaten des Liegens bildete sich eine Kuhle im Bett, die die Kinder noch weniger dazu animierte aufzustehen, um mit der Umwelt Kontakt aufzunehmen.
Alle Kinder haben praktisch eine Bezugsperson. Zudem stehen noch 1 Oberschwester und 3 Helferinnen zur Verfügung.	Für 45 Säuglinge stehen eine Oberschwester und 5 Hilfsschwestern zur Verfügung.

Daraus schloss Spitz:

> **!**   **Die Kinder im Säuglingsheim haben eine relativ günstige Situation – günstige Ausgangsbedingungen – für ihre Entwicklung.**
>
> **Die Kinder im Findelhaus**
> - **haben zu wenige Anreize, zu wenig Abwechslung**
> - **haben zu wenig Kontakt mit erwachsenen Personen (und das nur zu den Essenszeiten)**

> **!**   **Kinder, die in ihrer frühen Kindheit zu wenige Anreize und zu wenig menschlichen Kontakt mit Erwachsenen haben, werden in ihrer Entwicklung geschädigt.**

Auch bei seinen weiteren Untersuchungen (Hospitalismus II, S. 117–123) stellte Spitz fest, dass die spätere Entwicklung der Kinder des Findelhauses (ca. 2 Jahre später) von großen Problemen gekennzeichnet waren:
- Die Findelhauskinder lagen in ihrer körperlichen Entwicklung gegenüber normalen Kindern weit zurück
- Bei der Entwicklung ihrer sprachlichen Fähigkeiten hatten die Findelhauskinder auffallend große Mängel.

Die psychologische Forschung hat in den letzten Jahrzehnten herausgefunden, dass Entwicklungsrückstände (Defizite) aus der frühen Kindheit schwer aufzuholen sind. Oft bleiben die Schädigungen aus der frühen Kindheit in irgendeiner Form das ganze Leben erhalten. Trotzdem ist es besser, solche Schädigungen möglichst früh therapeutisch zu behandeln – die frühe Behandlung verbessert die Chancen der Therapie, die die Situation dieser Kinder verbessern kann. **!**

Aus solchen Schädigungen, die durch zu wenig Anreize und zu wenig Kontakt mit erwachsenen Personen entstanden sind, entstehen verschiedene Arten von Depressionen.

Im Umkehrschluss lässt sich sagen: Kinder benötigen für eine gute Entwicklung Ihres Selbst
- genügend Anreize aus der Umwelt (eine anregende Umwelt) und
- verständnisvolle Zuwendung durch erwachsene Bezugspersonen.

Das Kind möchte Erziehenden vollkommen vertrauen können

Ein stabiles Selbst kann nur entstehen, wenn der Mensch die Möglichkeit hat, sich mit seiner Umwelt (altersgemäß) auseinanderzusetzen und einen guten Kontakt zu erwachsenen Personen aufzubauen. Das sind Grundbedürfnisse des Menschen, ohne deren Erfüllung eine gute Entwicklung nicht möglich sein wird. **!**

In der Sprache der heutigen Forschung wird der Zusammenhang wie folgt dargestellt:

„Es geht also darum, dem Kind in Angst erzeugenden Situationen Unterstützung zukommen zu lassen und dadurch negative Emotionen beim Kind zu vermeiden (…) Die Bezugsperson wird dabei als bedeutende Quelle positiver Stimulationen (Anreize, Anm. d. Verfassers) gesehen, die das kindliche Bedürfnis nach positiver Emotionalität befriedigt. (…) Dem Bedürfnis nach sozialer Belohnung auf Seiten des Kindes (…) entspricht auf Seiten der Bezugsperson ein Wärmesystem, das durch positive Emotionen das Bedürfnis nach sozialer Belohnung befriedigt und die emotionale Beziehung des Kindes zur Bezugsperson fördert."

(Lohaus/Ball/Lißmann, 2004, S. 157)

4.3.2 Die Entwicklung der Bewegungsfähigkeit (Motorik)

Die Entwicklung der Bewegungsfähigkeit hängt beim Menschen sehr stark von seiner körperlichen Reifung und dem Wachstum des Körpers ab. Freilich müssen Lernprozesse auf die Reifung des Körpers aufbauen, um die Beweglichkei voll zur Geltung zu bringen.

Reifung/Wachstum	Lernen	Eigendynamik
Mit dem Wachstum der Gliedmaßen verändert sich auch das Verhältnis der einzelnen Körperteile zueinander. Vor der Pubertät werden die Arme und Beine im Verhältnis zum Rumpf länger – bisher war der Rumpf im Verhältnis länger.	Das Lernen spielt besonders in den Übergangsphasen eine Rolle – die Ungeschicklichkeit in der Pubertät aber bleibt, wenn sich der Jugendliche nicht motorisch oder sportlich betätigt. Die Motivation, sich zu bewegen, und die Ausgiebigkeit des Übens spielen eine Rolle.	Wo ein Mensch seine Stärken und Schwächen entwickelt, hängt auch von seiner Entscheidung ab: „Spiele ich Fußball oder Klavier?" Die Schwerpunkte sportlicher Aktivität baut auf einer persönlichen Entscheidung auf.

Die Entwicklung der Motorik hat **fünf Kennzeichen**

(1) Die Entwicklung der Bewegungsfähigkeit hängt sowohl von der Reifung als auch vom Lernen ab.

(2) Das Lernen kann nicht sinnvoll beginnen, wenn die Reifung nicht abgeschlossen ist. Z. B. setzt die Sauberkeitserziehung (Kontrolle von Blase und Darm) voraus, dass das Gehirn entsprechend gereift ist, bevor das Kind die Kontrolle der Blase erlernen kann. Starken Druck auf das Kind auszuüben, damit es sauber wird, könnte Bettnässen, Nägelbeißen, Daumenlutschen oder Sprachstörungen zur Folge haben.

(3) Die motorische Entwicklung erfolgt (a) von innen nach außen und (b) von oben nach unten. (a) Zuerst beherrscht das Kind die Bewegung der Arme – danach erst die der Finger. (b) zuerst beherrscht das Kind die Bewegung des Kopfes, später des Rumpfes und dann der Beine.

(4) Das Eintreten einzelner Entwicklungsabschnitte ist vorhersagbar. Zuerst kann sich das Kind rollen, später kann es sitzen, danach laufen.

(5) Es gibt individuelle Unterschiede in der Geschwindigkeit. Das eine Kind kann eher sitzen als das andere; das eine läuft eher als das andere.

(vgl. Kühne, 2006, S. 185)

Die **Differenzierung der Motorik** lässt sich im Bild folgendermaßen darstellen:

Differenzierung der Motorik

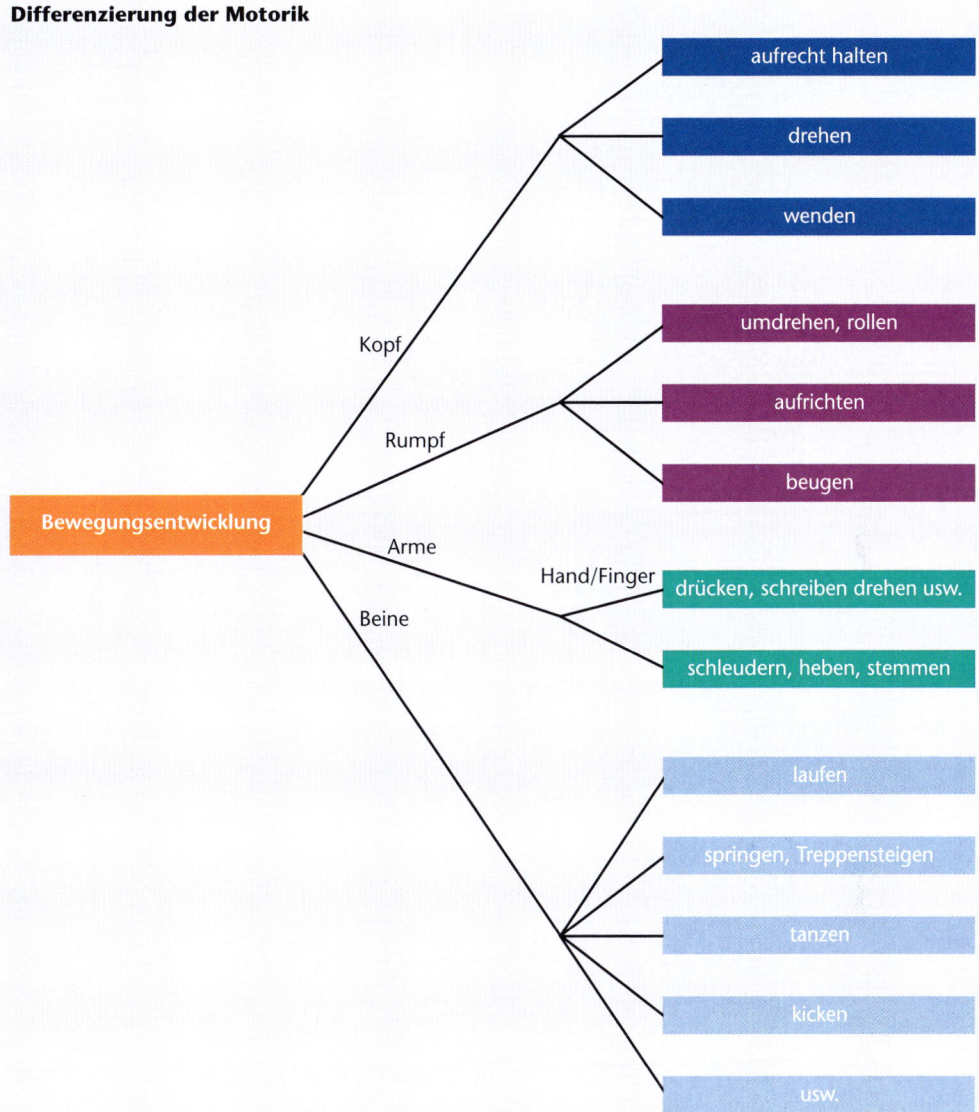

Differenzierung der Motorik im Verlaufe der Entwicklung

Die Entwicklung der Fortbewegung vom Säugling zum 15 Monate alten Kind:

Die Entwicklung von Aufrichtung und Fortbewegung

Siehe auch **Lösungen 4.1**: Übersichten, was ein Kind in welchem Alter können sollte.

Die **Bedeutung der Motorik** für das **Kind** (für den Menschen) liegt vermutlich in folgenden Aspekten:

● Ein Kind, das sich bewegen kann, ist zufriedener und freier
● Das Kind kann sich besser mit sich selbst beschäftigen – es ist unabhängiger von Eltern/Erzieherinnen
● Der soziale Kontakt mit den Gleichaltrigen ist für das körperlich nicht behinderte Kind einfacher. Die Sozialkontakte können spontaner sein, sind einfacher zu organisieren.
● Ein motorisch geschicktes Kind hat es leichter, ein positives Bild von sich selbst zu entwickeln. Ein „Tolpatsch" wird auch leichter Probleme mit sich selbst haben.

Hyperaktive Kinder sind:
1. Kinder, die mit Händen und/oder Füßen zappeln oder auf dem Stuhl umherrutschen.
2. Sie stehen häufig in der Schule auf, wo Sitzen angesagt ist.
3. Sie laufen häufig herum oder klettern in unpassenden Situationen.
4. Haben Probleme, ruhig für sich zu spielen.
5. Sind häufig unterwegs oder sehen so aus, als seien sie von etwas getrieben.

(vgl. Döpfner, 2001, S. 260)

Impulsive Kinder sind:
1. Kinder, die gerne rausplatzen, bevor die Frage zu Ende ist.
2. Kinder, die schwer warten können, bis sie an der Reihe sind.
3. Kinder, die andere unterbrechen.
4. Kinder, die gerne viel reden, ohne auf soziale Beziehungen Rücksicht zu nehmen.

(vgl. Döpfner, 2001, S. 260)

Anregung　A

1. *Überlegen Sie, wie man mit hyperaktiven und impulsiven Kindern in der Gruppe umgehen kann.*
2. *Schauen Sie nach unter* ***Lösungen 4.2***

4.3.3 Die Entwicklung der Sprache

Äußerungen von Kindern mit ca. 2 Jahren
„Ich wecke Papi leise, dass er es nicht hört."
„Ich möchte die Löcher mit Käse."
„Die Kühe haben nicht mal Unterhosen an."

Äußerungen von Kindern mit 3 Jahren
„Komm wir spielen. Ich mache den Clown und du die Leute."
„Papa, ich hatte einen Termin mit einer Tomate."
„Mama, an meinem Lastwagen eitert ein Rad."
„Lieber Gott, mach mich fromm, dass ich in den Kindergarten komm!"
„Die Mutter hab ich gern, den Vater am allergernsten!"

Äußerungen von Kindern mit 4 Jahren
Die Mutter wischt den Tisch ab. Jussi hinter ihr: „Hände hoch und Lappen fallen lassen!"
„Du bist die Brüderin von mir!"
„Den Vater hab ich tausend Häuser lieb und Dich nur zwanzig!"
Jari schaut unter den Tisch und sagt: „Unter uns wohnen keine Leute."
Hanna betet mit: „Vater unser, wie heißt Dein Name?"

(vgl. Kühne, 2008, S. 130–149)

Anregung　A

1. *Diskutieren Sie über die Äußerungen der Kinder zwischen 2–4 Jahren.*
2. *Vergleichen Sie sie mit Äußerungen, die Sie von Kindern kennen.*

Die Äußerungen der Kinder zwischen dem 2.–4. Lebensjahr fallen dadurch auf,
- dass sie sehr spontan und kreativ sind
- dass sie einige sprachliche Fehler machen und
- dass sie trotz der Fehler schon relativ selbstbewusst sprechen.

! **Im Normalfall sind Kinder sprachlich sehr aktiv. Sie haben sichtlich Freude am Sprechen und entwickeln eine große Neugierde – sie ist gewissermaßen die Motivation für den Spracherwerb, weil sie sich schon früh auf sprachliche Äußerungen ausrichtet.**

Neugierde erkennt man nach Mechthild Papousek unter anderem daran:
- Säuglinge wenden den Kopf in Richtung der Schallquelle.
- Sie richten ihre Aufmerksamkeit auf die Stimme der Mutter und auf die Muttersprache.
- Sie wenden ihre Aufmerksamkeit auf die Sprechweise der Mutter und auch auf die nichtsprachlichen Anteile der Kommunikation usw.

(vgl. Papousek, 1994, S. 148 f.)

„Schon in den ersten Tagen (…) ist das Kind in der Lage, auf Stimme und Emotionen der Mutter zu achten. Bald kann es auch schon auf die Spielchen der Mutter reagieren. Es ist interessiert an Aktionen und Reaktionen der Mutter. Wir müssen davon ausgehen, dass diese Interaktionen zwischen Mutter und Kind sehr wichtig sind für die Sprachentwicklung."

(Kühne, 2008, S. 50).

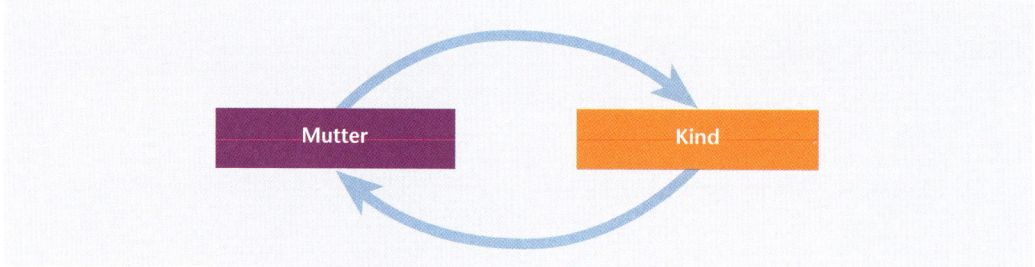

Interaktion zwischen Mutter und Kind als Grundlage für den Spracherwerb

Diese soziale Aktivität (bzw. Interaktion) der Mutter ist vermutlich grundlegend für den geordneten Spracherwerb des Kindes. Dabei nehmen die Säuglinge die Sprache der Mutter nicht als großes Durcheinander von Buchstaben und Worten wahr.
- Säuglinge sind in der Lage, zwischen sprachlichen und nichtsprachlichen Lauten zu unterscheiden. Sie registrieren auch Musik.
- Kurz nach der Geburt wird die Stimme der Mutter bevorzugt.
- Sie registrieren die Sprache als zusammenhängende Struktur.
- Ihre größte Aufmerksamkeit gilt eindeutig der Erwachsenensprache, die für die Kommunikation mit dem Kind in der Tonlage erhöht ist (Ammensprache, „Baby-talk") und so dem Kind entgegenkommt. Wenn Erwachsene mit dem Kind sprechen, tun sie das oft mit erhöhter Stimme.

Das „Mutter-Kind-Spiel"

Als günstig scheinen sich folgende vier Formen der Kommunikation der Mutter zu erweisen – vor allem, wenn dies regelmäßig erfolgt:
1. Sie sagt „Schau", um die Aufmerksamkeit des Kindes zu gewinnen (**Vokativ**).
2. Dann fragt sie: „Was ist das?" (**Frage**)
3. Danach gibt sie dem Gegenstand einen Namen, falls das Kind nicht selbst antwortet: „Es ist … X!" (**Benennung**)
4. Und bestätigt sofort die Wiederholung des Kindes. „Richtig!" (**Bestätigung**)

Dieses „Spiel" lässt sich variieren, ohne die Grundform zu ändern. Die Mimik und Gestik der Mutter spielen natürlich auch eine wichtige Rolle. Dabei ist die Mutter stets freundlich und dem Kind sowie dem Gegenstand zugewandt. Zudem verwendet die Mutter alle Möglichkeiten, die Aufmerksamkeit des Kindes zu fesseln.

Beim Erlernen der Sprache achtet das Kind selbst auf bestimmte Zusammenhänge. Psycholinguisten sagen: Das Kind hat Prinzipien, mit deren Hilfe es auf Worte und Wortkombinationen achtet – man nennt sie **Operationsprinzipien**.

- Zum Beispiel achtet das Kind auf Endungen der Wörter und die damit zusammenhängenden Bedeutungen.
- Es achtet auf die Reihenfolge in einem Wort (es sagt nicht „ge-aus-macht" sondern „ausgemacht")
- Es achtet auf die Regeln – bei einer großen Anzahl von Ausnahmen haben sie Schwierigkeiten usw.

Ein paar Daten und Anmerkungen zur Entwicklung der Sprachbeherrschung:

Im Verlauf des ersten Lebensjahres	Äußerungen vor dem Gebrauch der ersten Worte kann man vorsprachliche Äußerungen nennen.
	Das Lallen und Gurgeln, das Probieren von Lauten und Silben – es ist keineswegs so, dass das Kind sie aus „Jux und Dollerei" ausprobierte. Nein, das Kind in diesem Alter übt schon für die Zeit des Sprachgebrauchs. Mütter und Väter, die sich mit ihrem Kind in diesem Alter unterhalten, wissen: Das Kind antwortet mit den Lautkombinationen, die es bereits beherrscht.
	Man weiß heute: Je mehr man sich mit dem Kind vor dem 1. Lebensjahr unterhält, desto mehr probiert es auch selbst die Sprachlaute. Das Lallen ist also so etwas wie Training für die Zeit des Spracherwerbs.
Um das erste Lebensjahr	Das Kind probiert die ersten Worte. Das eine Kind vor – das andere nach dem ersten Lebensjahr.
	Kaum hat das Kind aber angefangen, die ersten Worte zu sprechen, lernt es rasend schnell weitere Worte.
	Gibt man einem Kind von 1–6 Jahren einfache Anweisungen, kann es sie befolgen – z. B. Nimm den Klotz herunter!
Um das zweite Lebensjahr	Wie wir bereits oben gesehen haben, bringt es zu der Zeit schon witzige und lebhafte Sätze zusammen.
	„Oma, hast Du fertig gedampft", fragt ein Kind die rauchende Großmutter.
	Das Kind kommentiert auch gerne das eigene Handeln. „Ich ganz machen", wenn es beispielsweise etwas Gebautes repariert.
	Offenbar spielen Substantive in der ersten Zeit eine größere Rolle. Sie werden mehr gebraucht.
	Das Kind beherrscht ca. 300 Worte.
Zwischen 3–4 Jahren	Das Kind ist relativ sicher im Konstruieren von Sätzen.
	„Wenn man den Urwald anzünden will, braucht es ein großes Zündholz!"
	Es wird Hauptsatz plus Nebensatz oder das Satzgefüge (zwei aneinander gekoppelte Hauptsätze) verwendet. Wörter werden umgeformt, weil der Umgang mit ihnen noch nicht so vertraut ist: „Du hast mich ausgebrochen" – statt „unterbrochen". Ca. 90 % der Kinder können kurz vor dem 5. Lebensjahr Nebensätze verwenden.
	Das Kind beherrscht um das 4. Lebensjahr ca. 1.500 Worte.

Um das 6. Lebensjahr	Das Kind beherrscht ca. 2.560 Worte an aktivem Wortschatz. Passiv versteht das Kind in der 1. Klasse ca. 23.700 Wörter
	Die Substantive sind etwas mehr als die Hälfte im gebrauchten Wortschatz; Verben ein Viertel Anteil. Wobei aber die Verben im Gebrauch bis zum 6. Lebensjahr kontinuierlich zunehmen, die Substantive allmählich abnehmen.
Vom 8. bis 10. Lebensjahr	Um das 10. Lebensjahr wird der Satz als grammatische Größe ernst genommen, denn die Anzahl der korrekten Nebensätze nimmt zu; das Satzgefüge (zwei zusammengesetzte Hauptsätze) nimmt an Bedeutung ab.
Schüler der Klasse 12	Haben ca. 80.300 Wörter im passiven Wortschatz.
Studenten	Haben ca. 150.000 Wörter im passiven Wortschatz.
Erwachsene	Für Erwachsene kann man keinen allgemeingültigen Stand der Sprachentwicklung feststellen, denn Erwachsene sind zu unterschiedlich, da sie in verschiedenen Lebenswelten und Berufen arbeiten und zu viele unterschiedliche Erfahrungen machen.
	Erwachsene, die z. B. beruflich und täglich mit Menschen zu tun haben, haben vermutlich einen größeren Wortschatz als solche, die kaum mit Publikumsverkehr arbeiten.
	Erwachsene haben wahrscheinlich einen Wortschatz von ein paar tausend Wörtern bis zu mehreren hunderttausend Wörtern. Ein sehr großer Unterschied!

4.4   Fördern

„Fördern" ist im heutigen Erziehungsgeschehen ein gängiger Begriff. Er bedeutet grundsätzlich, dass Eltern und Erziehende das Kind in eine günstige Situation versetzen. Sie helfen dem Kind, wenn sie es fördern, dass es in seiner Entwicklung fortschreitet, damit es die Umwelt besser begreift und besser mit ihr umgehen kann. Der Fortschritt in der Entwicklung wird immer daran gemessen, wie weit die Gleichaltrigen im Durchschnitt entwickelt sind. Hat ein Kind den Altersdurchschnitt noch nicht erreicht, sollte es gefördert werden.

Beispiel

Erzieherinnen stellen fest, dass Corinna, Mehmet und Tobias nicht so gut mit den andern Kindern spielen können. Die drei stören die anderen, sitzen am Rande und langweilen sich oder bitten die Erzieherinnen, sie sollten sich mit ihnen beschäftigen.

Die Erzieherinnen schließen daraus: Die drei könnten im Hinblick auf ihre Spielfähigkeiten so weit gefördert *werden, dass sie Anschluss bei den anderen Kindern der Gruppe finden.*

Wann überlegen Erzieherinnen oder Eltern, dass Kinder **gefördert** werden könnten?
- Wenn festgestellt werden kann, dass ein Kind Probleme im Kontakt mit der Gruppe hat.
- Wenn erkennbar ist, dass ein Kind nicht auf dem Entwicklungsstand der anderen Kinder ist, auf dem es altersmäßig sein müsste.
- Wenn Kinder selbst zu erkennen geben, dass sie mit der Situation überfordert sind.

4.4.1 Förderung sozialer Kompetenzen

Was kann man sich unter sozialen Kompetenzen vorstellen? Es ist eigentlich ganz einfach! Wenn man sich in verschiedenen Gruppen zurechtfindet und sich auch in ihnen wohlfühlt, sodass man das Gefühl hat, man profitiere selbst davon, kann man mit Fug und Recht behaupten:
Ich habe die sozialen Kompetenzen, die mir nicht nur ein Leben in der Gruppe ermöglichen, sondern sie nützen auch meinen eigenen Vorstellungen und Interessen.

Sagen wir es einfach und in den Worten der Theorie des Interaktionismus:
1. Ich bin in der Lage, **mich selbst in der Gruppe darzustellen**. Die Art und Weise, wie ich mich gebe, wird von der Gruppe verstanden. Sie können mich einschätzen und kommen mit mir auch weitgehend klar – abgesehen von einzelnen Situationen, in denen ich mich gegen die Gruppe durchsetzen möchte. Da gibt es Zoff, aber das nehme ich hin.
2. Ich bin fähig, mit allen in der Gruppe zu **verhandeln**. Mit dem einen kann ich besser, mit dem andern weniger gut – aber ich schaffe es auch, mit schwierigeren Typen Probleme und Problemchen auszudiskutieren.
3. Ich kann meistens erkennen, was in den anderen Gruppenmitgliedern vorgeht. Ich bin fähig, mich in ihre Lage **hineinzuversetzen**, auch wenn es mir gelegentlich ein Rätsel ist, was der eine oder andere denkt.

Bei Kindern im Alter von 3–6 Jahren ist es noch nicht selbstverständlich, dass sie (a) die **Selbstdarstellung**, (b) das **Verhandeln** in sozialen Kontakten und (c) die **Einfühlung** in den anderen beherrschen.

Selbstdarstellung, Verhandeln und Einfühlung lernt man am besten, im Kontakt mit Gleichaltrigen oder indem man sich in sozialen Gruppen bewegt.

Was kann man aber machen, wenn man bemerkt, dass ein Kind noch Probleme in der Gruppe hat?
1. Man kann mit einem Kind üben, wie es sich in Gruppen richtig verhält. Man sagt ihm, wie es geht, was es vermeiden soll und was es anstreben soll.
2. Man kann das Kind für kleine Fortschritte in der Richtung loben und ihm sagen, dass es dies und das gut gemacht hat.
3. Man kann andere (vielleicht ältere) Kinder bitten, bestimmte (zu fördernde) Kinder anzuleiten und sie aufzumuntern, in der Gruppe mitzuspielen. Ältere Kinder können leicht Paten sein – und sie machen das in der Regel auch gerne.
4. Man kann den Kindern empfehlen zu schauen, wie es die anderen machen – und es daraufhin nachzumachen.

Anregung
1. Finden Sie weitere Möglichkeiten.
2. Diskutieren Sie mit anderen darüber in der Kleingruppe.

Erwachsene

Schwieriger ist es meistens, wenn Erwachsene solche Probleme in Gruppen haben. Sie haben dann schon über viele Jahre damit zugebracht. Sie fühlen sich einsam und zurückgesetzt. Sie kommen mit der Situation nicht klar.

Aber es ist auch in gewisser Weise einfacher, weil man mit Erwachsenen häufig darüber sprechen kann. Man kann sie beraten und gemeinsam überlegen, wie man es schafft, von anderen Menschen akzeptiert zu werden. Wird eine Person von anderen Menschen oder Gruppen nicht akzeptiert, kann das folgende Hintergründe haben:

1. Ein bestimmtes Verhalten oder mehrere Verhaltensweisen von Personen werden nicht akzeptiert. Zum Beispiel wird Alkoholkonsum in öffentlichen Räumen häufig nicht akzeptiert; die Personen, die Alkohol trinken oder es zeigen, dass sie konsumieren, stoßen auf Ablehnung.
2. Eine Person, die bestimmte Rollen repräsentiert oder eine Funktion hat, wird abgelehnt. Jemand, der sich pikfein im Anzug unter Menschen zeigt, die sehr locker und leger angezogen sind, wird oft als „Lackaffe" oder ähnliches abgelehnt.
3. Ziele oder geäußerte Werte werden abgelehnt. Ein Jugendlicher, der in einer Gruppe von Gleichaltrigen Werte von Eltern oder Erziehungspersonen vertritt, wird abgelehnt.

Menschen zu beraten ist nicht einfach. Es bedarf einer erworbenen Kompetenz, wenn man das effektiv machen möchte.

4.4.2 Förderung motorischer Fähigkeiten

Viele Kinder haben heutzutage Probleme mit der Bewegungsfähigkeit. Es ist sinnvoll, solche Probleme ernst zu nehmen.

- Wir haben bereits erwähnt, dass sie manchmal hyperaktiv sind; ihre Aktivität kaum steuern können.
- Sie sind sehr impulsiv und stören damit die Kinder der Gruppe.
- Viele Kinder sind für ihr Alter zu schwer und haben schon deswegen Probleme, sich altersgemäß zu bewegen.
- Einige Kinder haben Probleme mit der Koordination von Wahrnehmung und Motorik – sie können sich nicht so bewegen, wie sie es eigentlich wollen.
- Einige Kinder haben Probleme mit der Feinmotorik: Sie können nur schwer mit Stiften umgehen, malen oder schreiben.
- Weitere Kinder haben mehrere von den oben aufgezählten Problemen.

Fördern heißt in der Regel: Mit den betroffenen Kindern oder Jugendlichen das zu lernen oder zu üben, was sie nicht können. Da es mit Mühe und Energieaufwand verbunden ist, sträuben sich viele Kinder, das nachzuholen, was sie nicht beherrschen. Deswegen ist es sinnvoll, eine Methode zu wählen, die den Kindern Spaß macht (z. B. das Spiel).

Wie sollte man beim Fördern vorgehen?

Diese Frage ist nicht immer einfach zu beantworten. Grundsätzlich aber muss beachtet werden:

1. Wer Kinder systematisch motorisch fördern will, muss sich gut auskennen. Es ist sinnvoll, sich durch Literatur oder Fortbildungsveranstaltungen weiterzubilden. Es gibt inzwischen eine große Auswahl an Literatur.

2. Die Anleitung durch kundige Kolleginnen ist eine weitere gute Möglichkeit, seine Kenntnisse zu erweitern.
3. Die alltägliche motorische Förderung von nicht schwierigen Kindern ist meist am besten durch regelmäßiges Spiel möglich, bei dem sich Kinder in vielerlei Beschäftigungen und mit großem Spaß motorisch betätigen können.
4. Sehr schwierige Kinder müssen von Fachleuten gefördert werden. Nach einer Teambesprechung muss mit den Eltern darüber gesprochen werden. Man kann Eltern empfehlen, sie beim Auffinden von entsprechenden Beratungsstellen zu unterstützen. Um zu erkennen, wie schwer ein Kind geschädigt ist, muss man sich auskennen (siehe: Fortbildung: Punkt 1).

4.4.3 Förderung der Sprachkompetenz

Bei der Förderung der Sprachentwicklung können wir zwei verschiedene Aspekte unterscheiden, die für Erzieherinnen und Eltern und bei der Organisation der Förderung von Bedeutung sind:
- Das Fördern in Alltagssituationen – das alltägliche und vorbeugende Fördern der Kinder
- Das Fördern durch Experten oder durch Menschen, die spezifisch dafür ausgebildet sind.

Die **alltägliche Förderung** des normal entwickelten Kindes könnte sich auf folgende Aspekte konzentrieren:
1. Erzieherinnen und Eltern bleiben mit dem Kind fortwährend und freundlich im Gespräch – selbst wenn das Kind noch nicht sprechen sollte (zum Beispiel unter ca. 12 Monaten). Sie vermeiden aber, zu dominieren oder das Gespräch ständig zu beherrschen und zu bestimmen. Eine abwartend freundliche Haltung kommt dem Kind sehr entgegen.
2. Erzieherinnen und Eltern machen Kinder freundlich und geduldig auf Sachverhalte aufmerksam, die es interessieren könnte.
3. Erziehende reagieren freundlich auf sprachliche Äußerungen des Kindes, indem sie sich ihm zuwenden. Sie reagieren auf die geäußerten Interessen des Kindes und versuchen, auf diese einzugehen.
4. Sie kommunizieren mit dem Kind in einer Sprache, die das Kind zu verstehen imstande ist. Ein abgehobenes Erwachsenengespräch ist für das Kind weniger motivierend.
5. Das spielerische und heitere Gespräch hingegen ist für das Kind motivierend.
6. Hat das Kind Ängste und Probleme, ist es förderlich, dem Kind anzubieten, darüber zu sprechen. Das Kind sollte das Gefühl haben, dass es geborgen ist. Ängste behindern grundsätzlich Lernprozesse.
7. Es ist sinnvoll, das Kind mit dem Medium Sprache auch als Schrift bekanntzumachen. Vorlesen, Geschichten erzählen und Bücher präsentieren kann das Interesse des Kindes wecken und schnell eine Eigendynamik entwickeln. Sobald das Kind Interesse an der Schrift hat, kann das Interesse durch vielerlei Möglichkeiten und Unterstützung gefördert werden.

Weitere Anregungen zur Sprachförderung bietet **Lösungen 4.3**.

Zentrale pädagogische, psychologische und organisatorische Aspekte für die Sprachförderung: eine Übersicht für Eltern und Erzieherinnen

1. **„Kritische Periode"**
   Die in der „kritischen Periode" (auch „Zeitfenster" genannt = ca. die ersten sechs Jahre der Entwicklung des Kindes) erlernten Inhalte haben Langzeitwirkung. Die in dieser Phase geförderten Kinder haben damit eine Grundlage für ihr gesamtes Leben. Defizite, Schädigungen und Rückstände aus dieser Zeit dagegen sind schwer zu bearbeiten und wirken häufig ein ganzes Leben lang nach. Das Vorschulalter ist die günstigste Zeit für den Erwerb von Fremdsprachen – erlernt ein Kind in dieser Zeit die zweite und dritte Sprache, hat es weniger Probleme mit Fremdsprachen.

2. **Begegnung mit der Welt/Umwelt**
   Unterbleibt die Begegnung mit der Welt, wird sie stark eingeschränkt oder von den Erziehenden nicht geleistet, ist das Gehirn des Menschen nicht in der Lage, sich optimal zu entwickeln. Wer in frühen Jahren eine lebendige Begegnung mit der Welt geübt und gepflegt hat bzw. wem dies ermöglicht wurde, wer die Sprache lebendig verwenden und pflegen konnte, hat eine sehr gute Grundlage für die spätere geistige Auseinandersetzung mit der Welt gelegt.

3. **Lernen**
   Beispiel: Die Hinweise der Mutter und ihre Anfeuerungsrufe sind von Bedeutung, wenn Anna ihre ersten Versuche auf dem Kinderfahrrad macht. Anna fühlt sich akzeptiert und geschätzt. Aber die Technik des Radelns lernt Anna nicht dadurch, dass die Mutter beschreibt, was sie machen soll, sondern durch Ausprobieren. Auch das Sprechen selbst lernt man nicht nur durch das Zuhören – man muss auch Gelegenheit haben, mit anderen Menschen zu sprechen und sich mit ihnen auszutauschen oder es zu probieren, selbst wenn es nicht richtig (gesprochen) ist.

4. **Das Kind spricht etwas falsch aus**
   Am besten, der Erwachsene reagiert nicht mit einer Korrektur der kindlichen Aussage. Die pädagogisch/psychologisch sinnvollste und zweifellos auch eleganteste Reaktion der Mutter wäre, die Aussage des Kindes noch einmal in der korrekten Sprache des Erwachsenen und sehr liebevoll zu wiederholen.

5. **Erziehungsstil**
   Erwachsene, die das Kind zu stark dirigieren, einschränken oder gar von bestimmten förderlichen Reizkonstellationen fernhalten, fördern das Kind nicht. Sie bevormunden und behindern die Fähigkeiten des Kindes. Sie unterschätzen das Kind oder sind bemüht, ihm eigene Ansichten und Einsichten aufzudrängen.

6. **Neugierde**
   Kindliche Lernprozesse ohne Neugierde oder Forschungsdrang kann man sich schwer vorstellen. Neugierde ist ein zentraler Bestandteil der Motivation, der Lernprozesse in Gang setzt und stabilisiert. Das gilt auch für den Erwerb der Sprache.

7. **Motivation**
   „Kinder experimentieren mit den zwei Bestandteilen eines Wortes, a. seiner Bedeutung und b. seinem Laut: Sie amüsieren sich über Lautfolgen, die sie selber schaffen, oder begeistern sich für interessant und fremd klingende Wörter. Sie lieben Verse und Gedichte manchmal allein wegen ihre Klangs und der Rhythmik, die sie spüren, selbst wenn der Wortsinn für sie unverständlich ist. Die Unterstützung der Kinder in diesem spielerischen Umgang mit der lautlichen Seite der Sprache fördert nicht nur ihre Lust auf Sprache, sondern auch ihre Sensibilität für die

Unterschiedlichkeit der einzelnen Laute. Gerade Lautverdrehungen können bei Kindern ein Bewusstsein für die richtigen Lautverbindungen entstehen lassen."

(Jampert, 2002, S. 160)

Kinder sind von Natur aus motiviert zu sprechen, sodass die Notwendigkeit der Animation zumeist entfällt. Kinder haben in der Regel auch kein Fehlerbewusstsein beim Sprechen, da sie einen ungeheuren Spaß am Sprechen haben. Das Motivieren besteht insbesondere darin, dem Kind eine anregende Umwelt zu gewährleisten und zu bewahren, die auch durch das Vorhandensein vieler Bücher und Bilderbücher gekennzeichnet ist.

8. Eigendynamik des Kindes

Im Zusammenhang mit der Sprachentwicklung lässt sich also sagen: Die vornehmste Aufgabe der Erziehenden (Eltern, Erzieherinnen) ist die Stützung und Bewahrung der Eigendynamik des Kindes. Das erreicht man, indem man sich als Kommunikationspartner anbietet – nicht aufdrängt. Indem man das Kind nach Lust und Laune mit der Sprache experimentieren lässt und dies freundlich akzeptiert. Kinder sind – so wird man entdecken – sprachlich wesentlich kreativer als Erwachsene.

9. Sprachförderung – Methodik

Sprachförderung muss spielerisch sein und der Erwachsene muss selbst als Spielpartner zur Verfügung stehen, um sich mit dem Kind entsprechend auseinander setzen zu können.

10. Anschauung

Der Erwerb der Worte wird durch Erlebnisse – Sinneswahrnehmungen – verfestigt und gestützt. Sprachförderung muss die Sinne beteiligen. Da gehört die entsprechende anregende Umgebung ebenso dazu wie die Kinderbücher und das Interesse der Erwachsenen an ihrer Umwelt.

11. Bücher

Bücher erweitern nicht nur den Wortschatz des Kindes, sondern vermehren auch die Kenntnisse jenseits des unmittelbaren Erlebens der Kinder. Kinder erfahren durch Bücher, wie man mit der Sprache erfundene Welten herbeizaubern kann.

12. Leseecke

Die Leseecke kann also die Sprachkultur entscheidend stützen und fördern. Sie ist vor allem für die interessierten Kinder eine gute Möglichkeit, ihre Interessen zu verfolgen oder auch anzumelden. Sie fördert damit Kreativität und Sprache.

13. Die Zweitsprache (Fremdsprache) im Kindergarten

Während über die Fremdsprache in Vorschuleinrichtungen geredet wird, wird gleichzeitig in nahezu allen sozialpädagogischen Fachzeitschriften immer wieder über zweisprachige Projekte in Kindergärten berichtet. Die Fremdsprache im Kindergarten ist aus wissenschaftlicher Sicht das Beste, was einem Kind blühen kann – was wir daraus machen, ist eine andere Frage. Vergessen wir nicht: Millionen von Kindern auf der Welt wachsen faktisch zweisprachig auf.

Der Psychologe Wolfgang Schneider hat ein spielerisches Trainingsprogramm über mehrere Monate mit Erzieherinnen und in Kleingruppen durchgeführt. Die Trainingsdauer betrug 10–15 Minuten pro Tag. Es beinhaltete etwa folgende Spiele:

1. Lauschspiele: z. B. Geräusche identifizieren, Wecker-Versteckspiele, Flüsterpost
2. Silben erkennen: z. B. mit Namenklatschen, Silbenball, Koboldgeschichte
3. Reimspiele: z. B. Kinderreime/Abzählreime, Bilderreime/Sätze ergänzen, freies Reimen
4. Anlauterkennung: z. B. Anlaute in Wörtern erkennen, Aaapfel, Mmmmmond, Ooohr usw.; Anlaut wegnehmen

5. Sätze und Wörter: Satz in Wörter zerlegen, Wörter zusammen fügen oder trennen (Haus und Maus zu Hausmaus; Kopf und Haut zu Kopfhaut);
6. Lautsysteme und Analyse: Laute zu einem Wort verbinden: A-lex-an-der, Bau-ern-hof, Au-to usw.

(vgl. Schneider, 2000, S. 153)

Es ist eigentlich erstaunlich, wie leicht es ist, Kinder zu fördern.

A

Anregung

Suchen Sie in Spiele-Unterlagen und Spielebüchern der Einrichtungen, in denen Sie Ihr Praktikum machen, nach Spielen, die geeignet wären, Sprache zu fördern.

A

Anregung

Suchen Sie in Spiele-Unterlagen und Spielebüchern der Einrichtungen, in denen Sie Ihr Praktikum machen, nach Spielen, die auch die Sprache von Erwachsenen fördern könnten. Diese Spiele müssen die Interessen und die Kenntnisse der Erwachsenen abgestimmt sein, mit denen Sie arbeiten.

Eine Sprachförderung wie mit Kindern kann es mit Erwachsenen nicht geben, da sie in einer anderen Situation sind. Jedoch gibt es auch **ältere Kinder**, die Probleme mit der Sprache haben. Letzteren kann man getrost empfehlen:

- **Mehr lesen**, wenn es in der Schule Probleme mit Deutsch und schriftlichem Ausdruck geben sollte. Weniger fernsehen oder ganz darauf verzichten.
- Sich **Zeit nehmen** und zurückziehen, um sich mit spannender Lektüre zu beschäftigen.
- Seine Interessen nützen, **Sachliteratur dazu besorgen** und lesen – das motiviert und hilft, sich eine Fachsprache anzueignen. Sich mit Freund/innen über Interessensgebiete auseinandersetzen.

Es gibt Kinder, deren Sprachentwicklung so stark gestört ist, dass man den Eltern dringend eine Sprachheiltherapie empfehlen sollte. Für solche Fälle brauchen Sie die **Telefonnummer** und die **Adresse** der nächsten **Psychologischen Beratungsstelle**.

4.5 Entwicklungsstörungen und Verhaltensauffälligkeiten bei Kindern

Mit den Bezeichnungen „Entwicklungsstörungen" und „Verhaltensauffälligkeiten" (auch „Verhaltensstörungen") muss man sehr vorsichtig umgehen. Bevor man ein Urteil fällt, das man auch noch bekannt gibt, muss man sich von kundigen Personen (professionellen Beratern, Psychologen, Entwicklungspsychologen und Psychiatern beraten lassen).

4.5.1 Geistige Behinderung

Nach Gail A. Wasserman (1998, S. 256) entwickeln 1–3 Prozent der Kinder nicht die Fähigkeiten im Denken, Lernen und Problemlösen wie der Durchschnitt der Kinder. Bei diesen Kindern spricht man entweder von „Entwicklungsverzögerungen" oder aber von „geistigen Behinderungen". Solche Kinder erzielen nach Wasserman Ergebnisse in Intelligenztests, die unter 70 liegen. Der Normalbereich liegt zwischen 80–100 Punkten.

Geistige Behinderungen bringen es mit sich, dass Kinder ihr Leben nicht selbst in die Hand nehmen können, wie es bei normal entwickelten Kindern der Fall ist oder wie es von einem Kind in einem bestimmten Alter erwartet werden kann. Die Entwicklung des Kindes verläuft langsamer.

„Lächeln, Reaktionen auf akustische und visuelle Reize und auf das Ausstrecken der Arme, um sich trösten zu lassen oder Spielsachen und andere Objekte zu ergreifen, sind Fähigkeiten, die sich bei geistig behinderten Kindern gewöhnlich verspätet entwickeln. Viele geistig behinderte Kinder leiden auch an zahlreichen psychischen Gesundheitsproblemen (…)"

(Wasserman, 1998, S. 256).

Eine Möglichkeit geistiger Behinderung ist das „Down-Syndrom". Es tritt nach Wasserman bei jeder 700. Geburt auf.

4.5.2 Entwicklungsverzögerungen

Das sind Störungen, die u. U. durch entsprechende und regelmäßige Förderung oder Therapie zu beheben sind. Wichtig ist jedoch, dass die Störungen rechtzeitig erkannt und behandelt werden. Je früher sie auftreten und je länger sie nicht behandelt werden, umso schwieriger ist eine Therapie:

Autismus

Autistische Kinder haben schwerwiegende Probleme mit dem Kontakt zu anderen Kindern und haben sprachliche und kognitive Probleme. Sie wirken auf andere Menschen abwesend und distanziert. Sie reagieren von früh an anders auf Zuwendung und Zärtlichkeit sowie auf Blickkontakt. Sie lieben Rituale, ohne die sie zu Wutanfällen neigen können. Sie schaukeln oft oder schlagen mit dem Kopf an Gegenstände. Der Spracherwerb ist in der Regel verzögert, aber ca. 50 % der autistischen Kinder lernen verständlich zu sprechen.

Die Behandlung autistischer Kinder konzentriert sich auf die Entwicklungsförderung und die Förderung der Fähigkeit, mit anderen Menschen zu kommunizieren.

Sprachstörungen

Bei Sprachstörungen ist es immer sinnvoll, zu untersuchen, ob das Gehör des Kindes gut funktioniert. Nicht selten können sprachgestörte Kinder nicht gut hören – und haben deshalb Probleme mit der Kommunikation. (Siehe auch Kapitel 3.2.4 Sprachstörungen)

Furcht- und Angststörungen

Kinder, die mit existenziellen Problemen der Familie zu tun haben, können lange und intensiv verstört sein. Bei Trennung der Eltern haben Kinder oft z. B. ein feines Gespür für die schwierige Situation. Bedrohlich ist für Kinder auch die Ankunft eines neuen Geschwisterchens, wenn sie nicht darauf vorbereitet worden sind. Bei einigen Kindern spielt auch der Übergang von der Familie in den Kindergarten eine Rolle; die Furcht, seine Bezugspersonen zu verlieren, steht im Vordergrund – das kann die Kinder sehr intensiv beschäftigen.

Aggressivität

Aggressives Verhalten ist eine sehr zeitgemäße Erscheinung. Aggressionen sind oft eine Reaktion auf Spannungen in der Familie. Manchmal gehen sie auch auf Vorbilder zurück; eine Erziehung, die selbst Gewalt (durch Schlagen) fördert, ist manchmal auch der Hintergrund. Oft ist Aggressivität auch verbunden mit einem ausgiebigen Fernsehkonsum, bei dem die Kinder stundenlang am Tag bis in den Abend hinein vor dem Bildschirm sitzen oder es mindestens mitbekommen, was „in der Glotze" läuft.

Aggressives Verhalten hat mit dem sozialen Kontakt zu tun und ist schwer zu ignorieren. Deshalb ist es wichtig, dass aggressive Kinder ein anderes Verhalten erlernen, indem sie andere Gewohnheiten erwerben. Ein mühevoller Prozess, der sich aber für eine Gruppe lohnt. Denn die Aggression kann das gesamte Gruppenleben in Mitleidenschaft ziehen.

Schlafprobleme, Albträume, Nachtangststörung

Nächte können für Kinder Probleme mit sich bringen, wenn es Veränderungen im Tagesablauf gibt oder wenn Spannungen in der Familie auftreten. Kinder sprechen häufiger als Erwachsene im Schlaf. Bei Angstträumen wachen Kinder gelegentlich nachts auf und schreien oder sprechen laut; sie sind auch verstört, was auf emotionale Belastungen am Tag hindeutet.

Reinlichkeitserziehung, Einnässen, Darmkontrolle

Die Reinlichkeitserziehung wird heute von Fachleuten etwas anders gesehen als vor Jahrzehnten. Kinder können, wenn die entsprechenden Organe und das Gehirn gereift sind, sehr gut bei der Reinlichkeit mithelfen. Ein Kind, das begreift, dass Nässe und Feuchtigkeit in den Windeln störend und unangenehm sind, wird selbst das Nötige dafür tun, dass es vorher zur Toilette oder „aufs Töpfchen" geht. Auch das Vorbild der älteren Geschwister spielt eine entscheidende Rolle. Im Laufe des dritten Lebensjahres können Eltern damit rechnen, dass die Erziehung zur Sauberkeit Früchte trägt. Diese sollte niemals mit Druck forciert werden.

Schulleistungsstörungen

Auch intelligente Kinder können Lernschwierigkeiten haben, die kurz oder auch längere Zeit anhalten. Die Ursachen können sehr unterschiedlich sein. Rachel Klein und David Shaffer gehen davon aus, dass lerngestörte Kinder auch unter Störungen der Hirnfunktionen leiden können. Was Eltern und Erziehende tun können, bevor sie einen Fachmann aufsuchen, ist Folgendes: Mit dem Kind ruhig über die Probleme sprechen, ohne Schuld zuzuweisen. Anschließend können Perspektiven erarbeitet werden, wie das Problem bewältigt werden könnte. Wenn möglich, sollten vor allem die Stärken des Kindes hervorgehoben werden. Das Kind sollte auch die Möglichkeit haben, soziale Fertigkeiten zu entwickeln, damit es sich in der Klasse (Lerngruppe) behaupten kann (vgl. Klein/Shaffer, 1998, S. 281).

Nachhilfe-Unterricht, der privat organisiert wird, ist abhängig von der Intelligenz der Kinder und der Fähigkeit der „Lehrer", versäumte Lektionen nachzuholen. Nachhilfe sollte vor allem das Selbstbewusstsein der Kinder fördern, die entstandenen Probleme zu bewältigen. Von großer Bedeutung ist auch die Unterstützung, die von den Eltern geleistet wird. Ein Kind, das sich abgeschoben fühlt, wird es schwer haben, mit seinen Problemen fertig zu werden.

4.5.3 Der Rat der Fachfrau, des Experten

Die Bearbeitung von Verhaltensauffälligkeiten oder Entwicklungsstörungen durch Erziehende und Eltern ist nicht immer effektiv. Deshalb sollte man das Problem nicht zu lange vor sich herschieben.

Die Zeit, die man versäumt, indem man Verhaltensauffälligkeiten und Entwicklungsstörungen halbherzig bearbeitet, ist für das Kind verlorene Zeit. Verlorene Zeit aber bedeutet: Je länger gewartet wird, umso schwieriger wird es, Probleme in den Griff zu bekommen.

Gegenüber Ämtern und Beratungsstellen ist es gelegentlich sinnvoll, dass Eltern oder Erzieherinnen (in Absprache mit den Eltern) die Interessen der Kinder energisch vertreten, damit die Interessen der Kinder auch effektiv wahrgenommen werden.

4.6 Zum guten Schluss

Wenn Sie das Kapitel durchgearbeitet haben, sollten Sie wissen:
- ✔ Was ist Entwicklung?
- ✔ Aus welchen Quellen speist sich die Entwicklung? Oder: Aus welchen Bestandteilen setzt sie sich zusammen?
- ✔ Sie sollten Beispiele nennen können, an denen man erkennt, dass es um Entwicklungsabläufe geht.
- ✔ Sie sollten die Merkmale der Entwicklung samt einigen Beispielen kennen.
- ✔ Was versteht man unter der Entwicklung des Selbst?
- ✔ Was versteht man unter der Entwicklung der Motorik?
- ✔ Woran erkennt man Sprachentwicklung?
- ✔ Sie sollten die wichtigsten Aspekte des Förderns der Motorik kennen.
- ✔ Sie sollten wissen, wie alltägliche Sprachförderung aussieht.
- ✔ Sie sollten ein Buch im Kopf haben, das sich mit Sprachförderung beschäftigt.

5 Lernen

Kurze Vorschau

In diesem Kapitel wollen wir uns mit den Begriffen Lernen, Lernvorgang und Lernprozess sowie mit einigen Sachverhalten beschäftigen, die mit Lernen zu tun haben.
Außerdem geht es um ein paar Regeln, die man selbst beim Lernen beachten sollte.

5.1 Der Begriff „Lernen"

Marie berichtet von einem Lernbeispiel:

*Als ich klein war, hat mir meine Mutter gerne beim Malen zugeschaut. Wenn sie früh abends
gekocht hat, saß ich am Küchentisch, hatte ein Blatt Papier vor mir, auf das ich gemalt habe.
Sie hat das Schälen der Kartoffeln z. B. unterbrochen und hat zu mir herübergeschaut und etwas
gesagt. Zum Beispiel: „Das ist Dir gut gelungen", oder auch: „Ich kaufe Dir bald bessere Farb-
stifte, damit Du besser zeichnen kannst", und: „Bei dem Kind hast Du die Augen vergessen!".
Beinahe jeden Tag habe ich ein Bild gemalt. Mama hat sie alle aufgehoben. Wenn ich heute in
meinen Ordner mit den Bildern gucke, kann ich sehen, was ich gelernt habe. Denn noch heute
male ich sehr gerne – am liebsten Fische und andere Tiere. Meine Mama sagt sogar: „Du kriegst
bessere Bilder hin als ich und Papa zusammen!" Das finde ich toll! Auch Papa mag meine Bilder
sehr. Er hat eigentlich den Bilder-Ordner für mich erfunden.*

Wir können nun feststellen:

- Marie hat gelernt, Bilder zu malen.
- Es hat lange gedauert – vielleicht jahrelang.
- Ihre Mutter und ihr Vater haben sich für die Bilder interessiert.
- Sie hat selbst bemerkt, dass ihre Eltern Interesse an ihren Bildern hatten.

Lernvorgang oder Lernprozess: Mit dem Wort „Lernen" oder „Lernvorgang" beschreibt man einen Sachverhalt im Verhalten eines Menschen (oder auch eines Tieres, denn z. B. Hunde können auch lernen), bei dem sich etwas ändert.

Beispiel
Anfangs konnte Marie nicht so gut zeichnen – jetzt kann sie Fische und andere Tiere zeichnen. Ihre Fähigkeit hat sich verändert.

Lernvorgang:

Vorher	Nacher
Anfangs hat Marie Strichmännchen mit Kopf gezeichnet	Nach 2 Jahren konnte sie Fische und andere Tiere zeichnen, besser als ihre Mutter

Lernen dauert eine Zeit lang. Der eine Lernvorgang dauert länger, der andere ist kürzer. Es kommt auch darauf an, wie kompliziert das ist, was man lernt oder lernen will. Bei einem Lernvorgang gibt es immer ein Vorher und ein Nachher.

Wir fragen Marie: Du hast es ja lange durchgehalten – wie hast Du das geschafft?

> Ich fand es so schön, wenn mit Mama zugeschaut und etwas zu den Bildern gesagt hat. Außerdem hat mir das Zeichnen und Malen von Anfang an Spaß gemacht.

Marie:

Anregung
Diskutieren Sie folgende Aussage von Hans Löwe:
„Menschliches Lernen ist ein sozialvermitteltes Lernen (…) Was und wie gelernt wird, ist abhängig von der gesellschaftlichen Umwelt (…) Das ist selbst bei den einfachsten Formen des Lernens im Kindesalter der Fall."

(Löwe, 1975, S. 30)

5.2   Lernen am Erfolg – oder: Verstärkungslernen

Maries Bericht zu Beginn des Kapitels **5.1 Der Begriff „Lernen"** hat uns gezeigt, wie dieser Lernvorgang zustande gekommen ist:
- Maries Mutter hat ihrer Tochter stets viel Aufmerksamkeit beim Malen geschenkt.
- Marie hatte selbst großes Interesse und große Freude am Malen.

Diese Art des Lernens nennt man in der Psychologie „**Lernen am Erfolg**" oder **Verstärkungslernen**, denn Marie empfand es als persönlichen Erfolg,
1. dass sie das Malen meistens so gut geschafft hat und
2. dass sich ihre Mutter ihr so häufig zugewendet hat.

Mutter schaut Marie interessiert beim Zeichnen zu, während sie kocht.

! **Lernvorgang:** In der Psychologie sagt man: Lernvorgänge werden dadurch gefördert bzw. begünstigt, (1) dass der Lernende Freude daran hat (dass er es als persönlichen Erfolg erlebt) und (2) dass der Erziehende das Kind verstärkt, ihm also durch sein Verhalten einen Erfolg vermittelt.

Verstärken: Wenn sich ein Erziehender einem Kind verständnisvoll zuwendet, wenn er Interesse zeigt an dem, was das Kind tut, und wenn er das Kind unterstützt, verstärkt er es oder er vermittelt ihm einen Erfolg.

Erfolgserlebnis: Wenn ein Kind Freude (1) daran hat, etwas zu tun, und wenn es bei seinen Eltern oder bei Erzieherinnen und Lehrerinnen Interesse findet (2), empfindet es ein Erfolgserlebnis. Erfolgserlebnisse begünstigen und fördern das Lernen.

Beispiel Marie

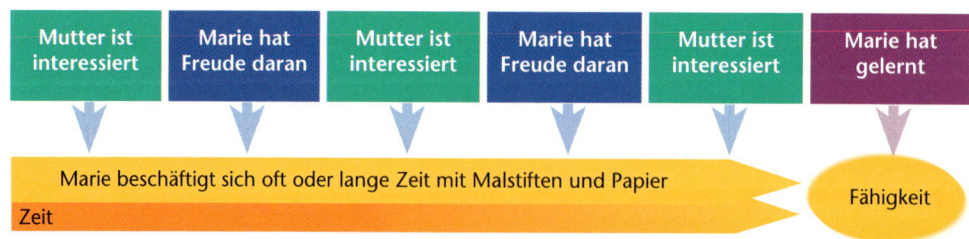

A

Anregungen
1. *Beschreiben Sie zwei bis drei Lernvorgänge, mit denen Sie selbst zu tun hatten, die man als Lernen am Erfolg oder Verstärkungslernen bezeichnen kann.*
2. *Untersuchen Sie in Kleingruppen, welche Umstände die beschriebenen Lernvorgänge begünstigen.*

Nun müssten Sie auch eine andere Frage beantworten können:

A

Anregung
Überlegen Sie in der Kleingruppe, welche Umstände den Lernvorgang be- oder verhindern können. (**Lösungen 5.1**)

Weitere Beispiele für Lernen

1. *Anna hat ein wenig Angst, das Klettergerüst im Kindergarten zu besteigen. Doch in den letzten Tagen ist die Erzieherin M. häufig im Garten, weil das Wetter so schön ist. M. ermuntert Anna immer, wenn sie sieht, dass Anna das Gerüst besteigen möchte, sich aber noch nicht traut. Nach zwei Wochen hat Anna keine Angst mehr vor dem Klettern im Gerüst.*
2. *Frederik ist 3 Jahre alt. Seit er im Kindergarten ist, hat er kaum mit Mädchen gespielt. Neulich aber kam Susi (5 Jahre) zu ihm und hat sich fast den ganzen Morgen mit ihm beschäftigt. Man sah direkt, dass es ihm viel Spaß machte. Seitdem geht er jeden Morgen zuerst zu Susi und in die Ecke, in der die Mädchen gerne spielen.*

A

Anregung
Diskutieren Sie in Kleingruppen die zwei oben genannten Lernbeispiele: Inwiefern geht es hier um Lernen. Wenn Sie damit fertig sind, können Sie am Ende des Buches die Lösungen nachschlagen. (**Siehe: Lösungen 5.2, 5.3**)

5.3 Beobachtungslernen – oder: Lernen am Modell

Nicht alle Lernvorgänge kann man mit dem Verstärkungslernen erklären. Es gibt nämlich Lernprozesse, die auf andere Art und Weise zustande kommen.

Pepe berichtet von einem Beispiel:
Bevor ich überhaupt einen Tischtennisschläger in die Hand nahm, habe ich meine älteren Brüder beobachtet. Ich saß dabei und schaute interessiert zu, wie sie Tischtennis spielten – oft tagelang. Als ich dann zum ersten Mal aufgefordert wurde, auch ein Spiel zu übernehmen, konnte ich fast schon den Anschlag und wusste sehr genau, dass es für den Gegner schwieriger ist, wenn ich den Ball möglichst flach hielt.

! In der Psychologie sagt man: Pepe hat das Modell (Vorbild) beobachten können. Modell nennt man einen Menschen, der einem etwas vormacht. Das Modell (z. B. ein älterer Bruder von Pepe) muss dabei gar nicht bemerken, dass es beobachtet wird. Wird einem ein Verhalten (hier Tischtennis spielen) eine Zeit lang vorgemacht, so kann man es oft gut nachahmen. Man erfährt eben beim Beobachten, wie es geht, sich so oder so zu verhalten – und man kann mit dieser Kenntnis schon einmal gut das Spielen ausprobieren.

Pepe schaut seinen Brüdern beim Tischtennisspiel zu.

Lernen durch Beobachtung oder am Modell gelingt besonders gut,
- wenn die beobachtende Person das Modell gut leiden kann oder ein gutes Verhältnis zum Modell hat
- wenn das Modell angesehen oder beliebt ist
- wenn das Modell selbst sehr erfolgreich ist oder bei einer Tätigkeit Erfolge aufweist.

Auch ein Mensch im Film, ja sogar im Zeichentrickfilm, kann ein Modell sein, von dem z. B. Kinder lernen können. Bei Kindern sind gerade Zeichentrickfilme sehr beliebt – also können sie auch von den Modellen (Figuren des Films) durch Beobachtung lernen.

Beispiel

> **Modelle in Filmen:** *Man weiß zum Beispiel, dass Kinder, die schon früh Filme sehen, in denen die Gewalt oder gewaltsame Konfliktlösungen eine Rolle spielen, beim Spielen eher zur Gewalttätigkeit neigen als Kinder, die kaum Gewaltszenen in Filmen sehen können. Man sagt dann: Kinder sehen Modelle, die die Gewalt vorspielen.*

A *Anregung*

Finden Sie selbst Beispiele, die als Modelle gelten können. Beschreiben Sie das Modell genau und was es hervorruft. Untersuchen Sie, was gelernt wurde.

5.4   Lernen durch Einsicht – oder: Wie man Problemsituationen löst

Marie berichtet von einem Beispiel:
Als mein Bruder Tom noch kleiner war, suchte er einmal seinen Teddy. Er konnte sehen, dass dieser auf der Kommode in der Küche lag. Er wollte mich offenbar nicht fragen, ob ich ihm den Teddy geben könnte, weil wir gerade Krach gehabt hatten. So überlegte er, wie er an seinen Teddy kommen könnte. Nach einer Zeit schob er den Stuhl an die Kommode, kletterte mühsam auf den Stuhl und griff von da aus nach dem Plüschtier auf der Kommode. Damit hatte er erreicht, was er wollte.

Der kleine Bruder hatte die Einsicht: Wenn ich den Stuhl als Mittel benutze, „größer" zu sein, komme ich an den Teddy auf der Kommode.

Mithilfe der Einsicht kann ich Vorstellungen entwickeln, die mir aus einer schwierigen Situation helfen. Diese Vorstellungen unterstützen mich dabei, zu lernen, wie ich manches Problem bewältigen und lösen kann.

Der kleine Bruder holt sich den Teddy und löst sein Problem selbst.

Eine **Problemsituation** kann man auf zwei Wegen lösen:
1. Man versucht mehrere Möglichkeiten und findet irgendwann eine richtige – das nennt man eine Lösung durch Versuch und Irrtum
2. Man betreibt die Lösung systematisch mit Hilfe einer Problemlösestrategie.

Beispiel

Eine **Problemlösestrategie könnte** für Tom wie folgt aussehen:

1. **Er macht eine Situationsanalyse**. Wer hat meinen Teddy auf die Kommode gelegt? Ich komme unmöglich da ran, da ich zu klein bin. Marie hat ihn vielleicht dorthin gelegt. Marie will ich nicht fragen. Auf die bin ich sauer. Und Mama ist nicht zu Hause. Das ist ärgerlich.
2. **Er grenzt das Problem ein.** Der Teddy liegt zu hoch; ich komme nicht ran. Ich will ihn aber jetzt haben.
3. **Er überlegt, welche Alternativen es gibt.** (a) Ich warte bis Mutter kommt. (b) Ich frage meine Schwester. (c) Ich verzichte auf den Teddy. (d) Ich finde eine Möglichkeit, mich größer zu machen.
4. **Er wählt eine Lösung aus.** Ich suche eine Möglichkeit, mich zu „vergrößern".
5. **Er analysiert die Tragweite seiner favorisierten Lösung.** Das bedeutet, dass ich einen Gegenstand haben muss, um meinen Arm zu verlängern – oder ich rücke einen Stuhl hin und krabbel auf den Stuhl. Der Stuhl ist schwer, ich weiß nicht, ob das klappen wird. Es gibt vielleicht Kratzer auf dem Boden. Mama wird sauer sein. Vielleicht sieht sie auch keine Kratzer – das kann ja auch meine Schwester gewesen sein.
6. **Umsetzung der favorisierten Lösung.** Er zieht den Stuhl vom Tisch an die Kommode, holt den Teddy herunter und schiebt den Stuhl wieder an die alte Stelle.
7. **Er überdenkt die Lösung.** War eigentlich gar nicht schwierig. Hab' ich gut hingekriegt. Ich kann auch ohne die Schwester 'was hinkriegen.

Weitere Beispiele

1. Karin überlegt, wie sie es erreichen kann, dass sie mit ihrer Jugendgruppe nach Schweden fahren kann. Da sie aber nicht so viel Geld hat und die Mutter ihr nur einen gewissen Betrag für den Sommerurlaub geben kann, muss sie tagelang überlegen. Schließlich findet sie heraus: Wenn ich beim Kaufmann um die Ecke wöchentlich ein paar Stunden aushelfe, komme ich auf den Betrag, den ich für die Fahrt brauche.
2. Luigi hat festgestellt, dass ihn seine Note in Mathematik die Versetzung kosten kann. Mathe war für ihn immer etwas schwieriger. Er denkt darüber nach, wie er das Schuljahr schaffen kann, kommt aber lange nicht zu einem Ergebnis, weil er im Unterricht etwas schüchtern ist. So kommt er auf die Idee, mit seinem Lehrer zu sprechen. Beide finden eine Lösung, die Erfolg versprechend ist: Luigi will in den nächsten vier Wochen immer wiederholen, was in der vorausgehenden Stunde erarbeitet wurde.

A *Anregungen*

1. Beschreiben Sie selbst Beispiele für Problemsituationen, die Sie kennen. Schrecken Sie nicht vor sehr schwierigen Situationen zurück. Vielleicht finden Sie in der Kleingruppe eine Lösung, nach der Sie schon lange suchten.
2. Versuchen Sie, wie in der oben angegebenen Methode, in sieben Schritten eine Lösung zu erarbeiten.
3. Bewerten Sie, wie realistisch solche Lösungsmöglichkeiten sind.

5.5 Die Strafe als Sonderform des Lernens

Es gibt kaum ein Kind, das nicht in irgendeiner Form eine Strafe erlebt hätte.

Marie nennt ein paar Beispiele für Strafen:

1. *Mein Papa hat neulich sehr geschimpft, weil ich mit Sandalen im kalten Regen herumlief, als ich mit meinen Freundinnen draußen spielte.*
2. *Pepe hat von seinem ältesten Bruder eine Ohrfeige erhalten, weil er mit dessen Tischtennisschläger ständig gegen die Hauswand schlug.*
3. *Meine Freundin hat Hausarrest bekommen, weil sie in Deutsch einen schlechte Note geschrieben hatte. Sie durfte eine Woche lang nicht aus dem Haus.*

Was beabsichtigen diejenigen (ältere Geschwister, Eltern, Lehrer), die einen anderen (ein Kind) strafen? Anhand der oben angegebenen Beispiele können wir verdeutlichen:

1. Marie soll in Zukunft nicht mehr mit Sandalen in den Regen gehen.
2. Pepe soll in Zukunft nicht mehr mit dem Tischtennisschläger an die Hauswand oder andere harte Gegenstände schlagen, damit der Schläger nicht kaputtgeht.
3. Maries Freundin soll in Zukunft mehr für die Schule lernen, damit sie bessere Noten schreibt.

Strafe: Der Strafende (Erzieher, Eltern, Lehrer) hofft, dass der Bestrafte das nicht mehr tut, wofür er bestraft wurde. In der Sprache der Lernpsychologie ausgedrückt: Strafe ist ein vom Erziehenden vermitteltes Misserfolgserlebnis, damit das Kind das Verhalten verlernt, wofür es bestraft wurde. !

In der Psychologie sagt man: Manchmal klappt das mit der Strafe – manchmal nicht. Die Strafe, sagt der kritische Erzieher, ist kein zuverlässiges Erziehungsmittel. Außerdem, sagt er, kann ein Kind ohne Strafe das besser lernen, was es lernen soll. Deshalb ist es günstiger, wenn man die Strafe ersetzt durch folgende Möglichkeiten:

1. Der Erziehende handelt mit dem Kind eine Lösung aus.
2. Das Kind soll seine eigenen Erfahrungen machen und seine eigenen Schlüsse ziehen.
3. Der Erziehende soll dem Kind Vertrauen entgegenbringen; das Kind wird sich schon richtig verhalten.

Oft bestrafte Kinder misstrauen den Eltern und Lehrern. Man kann sich nur schwer mit diesen Kindern unterhalten und sich mit ihnen einigen, wenn sie immer wieder bestraft werden. Kinder dagegen, die ihren Lehrern und Eltern vertrauen können, sind zuverlässigere Verhandlungspartner.

A *Anregung*
Beschreiben Sie einige Strafen und überlegen Sie danach in der Kleingruppe, was sie daraus wirklich gelernt haben.

5.6 Gestaltung des Lernens

Wir haben schon in den Kapiteln 5.1–5.5 eine Ahnung davon bekommen, was uns die Kenntnis der Lerntheorie nützt. Wir wollen uns nun ein paar Gedanken darüber machen, wie man Lernen für sich selbst nutzen kann.

5.6.1 Zeit zu lernen

Der Körper des Menschen ist nicht immer gleich gut aktivierbar. Es gibt Zeiten, in denen er leichter und Zeiten, in denen er schwerer arbeitet. Nahezu alle Menschen sind morgens zwischen ca. 8.00–12.00 Uhr aktiv; dann noch einmal zwischen 16.00–22.00 Uhr. Am frühen Nachmittag um 14.00 Uhr herum ermüden wir leicht – hier ist es schwer, sich zu konzentrieren. Auch nach 22.00 Uhr sinkt unsere Aufmerksamkeit rapide.

! **Regel Nr. 1: Suchen Sie sich für das Lernen die Zeiten aus, in denen Ihr Körper wach ist.**

Natürlich gibt es individuelle Unterschiede. Deshalb ist es sinnvoll, seine persönlichen Wachzeiten herauszufinden.

5.6.2 Lernmaterial gliedern

Nehmen wir an, Sie müssten englische Vokabeln lernen. Als **Beispiel** nehmen wir eine Reihe englischer Wörter, die Sie am nächsten Tag bei einem Text können müssen:
table, run, window, laugh, tree, look for, flower, chair, marmelade, cry

Diese zehn Vokabeln lassen sich – und das finden Sie leicht in Ihrem Buch heraus – ordnen in verschiedene Arten von englischen Worten:

Substantive	Verben
table, window, tree, flower, chair, marmelade,	run, laugh, look, cry

Wir haben nun in das, was Sie lernen müssten, eine Ordnung gebracht. Wir können die Ordnung aber auch noch weiter treiben – zum Beispiel:

Substantive (Haus)	Substantive (Garten)	Verben
table, window, chair, marmelade	tree, flower	run, laugh, look, cry

Sie werden beim Lernen bemerken, gegliedertes Material lernt sich besser. Das können wir an dem oben genannten Beispiel aufzeigen. Sie wissen nämlich – unabhängig von den Worten, die Sie zu lernen haben:
- Sie haben 3 Sorten von Vokabeln zu lernen
- Die eine Sorte, hat mit Haus, die andere mit Garten zu tun; die dritte sind Verben.

Diese Ordnung wirkt wie eine „Eselsbrücke".

Regel Nr. 2: Gegliedertes Material lernt man besser als nicht gegliedertes.

Anregung
Suchen Sie sich selbst ein Beispiel – suchen Sie Lernmaterial, das Sie gliedern können.

Weitere Hinweise zum Gliedern:
- In einem Text kann man „die wichtigsten Begriffe/Definitionen/Ergebnisse unterstreichen"
- „Man kann die unterstrichenen Stellen am Rand als Begriffe notieren
- Man macht sich „eine Liste von Begriffen außerhalb des Buches … im Sinne von Kapitelüberschriften des Buches"
- Man kann die … erstellten Zettel … dazu nützen, einem Freund den Inhalt zu erläutern
- Lernmaterial, das man sich über längere Zeit hin einprägen muss, kann man in Portionen einteilen. Spart man sich den gesamten letzten Lernstoff für die letzten drei Tage auf, erleidet man eher Schiffbruch – man überfordert sich selbst und legt einen Grundstein für das Scheitern beim Lernen.

(vgl. Kühne, 1995, S. 101)

5.6.3 Lerninhalte laut sprechen

Das gehört sicher nicht zu Ihren regelmäßigen Übungen:

Wenn Sie sich etwas einprägen müssen, es laut zu sprechen und jemandem vorzutragen.

Natürlich ist das komisch und könnte sich ein wenig „affig" anhören, wenn jemand im Haus mit sich laut spricht. Man wird vielleicht an alte Menschen erinnert, die laut mit sich sprechen, wenn sie sich etwas merken wollen.

Sie dürfen sich nichts daraus machen, Sachverhalte laut vorzutragen. Wenn Sie das komisch finden, dass Sie es tun, suchen Sie sich eine Verwandte, eine Freundin oder einen Bekannten, der Ihnen zuhört.

Regel Nr. 3: Was (laut) ausgesprochen wird und ausgesprochen worden ist, lässt sich besser einprägen.

Gibt es einen, der Ihnen zuhört – umso besser. Denn auf ihn können Sie auch reagieren! Sie können ihm Fragen beantworten und so das zu Lernende besser behalten.

5.6.4 Die Ordnung im Raum

Die Ordnung im Raum ist nicht jedermanns Sache. Aufräumen ist lästig. „Kreative Typen", die alles in ihrem Leben durcheinanderwerfen, lernen vielleicht anders, aber sicherlich nicht besser.

Lernmaterial das man findet, ist angenehmer zu lernen, als Material, bei dem man alles noch suchen muss – dabei weiß man auch gar nicht, ob man schon alles beisammen hat. Mindestens eine Mappe zum Abheften und Ordnen ist die Grundvoraussetzung für den erfolgreichen Lerner.

! **Regel Nr. 4: Ordnung im Zimmer und in Materialien ist die halbe Miete.**

5.6.5 Der Lernplan

Besonders dann, wenn man gerne zum Chaos neigt, ist es höchst sinnvoll, sich einen Plan für das Vorgehen beim Lernen zu machen.

Das ist allerdings weniger angebracht, wenn man nur zehn Vokabeln für übermorgen zu lernen hat. Lernpläne sind gut für zu erlernende Inhalte, die man sich über einen kurzen oder längeren Zeitraum einprägen muss.

! **Regel Nr. 5: Der Lernplan ist gut für längerfristiges Lernen.**

Längerfristige Lernprojekte sind z. B.:
- Klausuren
- Referat
- Prüfungen

Beispiel für einen Lehrplan

Ich habe noch 5 Wochen Zeit bis zum Referat! Was ich vorstellen muss, ist relativ lang. In der ersten Woche lese ich es ganz durch. In der zweiten Woche kann sich alles setzen. In der dritten Woche muss ich den ersten Teil zusammengefasst haben. In der vierten Woche muss ich den zweiten Teil zusammengefasst haben. Im Verlaufe der fünften Woche schreibe ich alles sauber zusammen. Am Tag vor dem Referat muss ich den ganzen Nachmittag das Vortragen üben – da kann ich nicht zum Fußball gehen.

! **Regel Nr. 6: Hat man einen Lernplan gemacht, muss man sich daran halten.**

Einen Lernplan zu machen, an den man sich nicht hält, mag interessant sein. Aber er nutzt nichts.

5.6.6 Mach mal Pause

Lernprofis machen zwischendurch Pause. Hängt man tagelang über einem Referat, ermüdet es Körper und Geist. Eine Pause ist das Natürlichste der Welt.

Wenn Sie also meinen, Sie könnten sich keine Pause mehr gönnen, weil Sie sonst mit dem Pensum nicht klarkommen, haben Sie einen Fehler gemacht. Sie müssen sich einmal die Zeit nehmen, die Sie brauchen, um alle Inhalte zu lernen – und Sie müssen sich die Zeit für kleine Pausen nehmen.

! **Regel Nr. 7: Pausen müssen sein.**

5.6.7 Weitere Lernhinweise

Weiß man, wofür man das Erlernte gebrauchen kann, so fällt es leichter, den Sinn der Inhalte zu durchschauen.

Weiß man, dass Lernregeln helfen, das eigene Lernen zu unterstützen, wird man sie sich besser einprägen können, noch dazu wenn man im Kopf hat, was man bisher alles falsch gemacht hat.

Weiß man, bei welchen Gelegenheiten man die unterschiedlichen Methoden der Verhaltensbeobachtung einsetzen kann, ist es leichter, sie zu unterscheiden.

Regel Nr. 8: Wenn man weiß, wofür man etwas braucht, kann man es sich besser merken. !

Haben Sie „keinen Bock" auf die Schule, ist es sinnvoll sich zu überlegen, welche besseren Möglichkeiten Sie haben. Haben Sie diese nicht, müssen Sie sich klar werden, warum Sie diese Ausbildung machen oder sein lassen sollten.

Regel Nr. 9: Man sollte wissen, für welches Ziel man lernt. !

Überlegen Sie, was Sie für manch eine Tätigkeit an Zeit brauchen. Sie haben z. B. keine Hemmungen, mit Ihren Freundinnen und Freunden zu quasseln und zu palavern. Sie scheinen in solchen und ähnlichen Fällen sehr viel Zeit zu haben. Und bedenken Sie, wie viel Zeit Sie dafür brauchen, um sich bestimmte Inhalte einzuprägen. Keine Frage: die Kommunikation mit Freunden ist sehr wichtig. Aber man kann sie manchmal gut einschränken auf weniger Zeit.

Denken Sie also daran, dass Sie sich vielleicht täglich eine bestimmte Zeitspanne gönnen, die Sie für das Lernen vorsehen – jeden Tag ein bisschen: Das ist schon sehr viel! Und es zahlt sich aus, weil Sie dann vor einer Klausur nicht mehr so lange brauchen, um sich vorzubereiten.

Regel Nr. 10: Regelmäßigkeit beim Lernen macht vieles leichter. !

Es gibt Menschen, die behaupten, sie könnten nur unter Zeitdruck lernen. Glauben Sie nicht solchen Unsinn! Wer stets unter Zeitdruck lernt, lässt sich keine Zeit, in der man entdecken könnte, dass man Spaß an bestimmten Inhalten hat. Und wer Spaß hat, ist auch motiviert zu lernen. Vergessen Sie das nie!

Aufgaben, die man sich selbst vornimmt, erleichtern das Lernen enorm. Wenn es nur eine Pflicht ist, vergisst man, dass es interessante Dinge auf der Welt gibt. Wenn Sie also die Möglichkeit haben, in bestimmten Fächern oder anderen Stellen Ihrer Berufsausbildung interessante Aspekte zu entdecken, dann machen Sie eine Extra-Schicht und beschäftigen Sie sich damit, obwohl Sie es gerade nicht müssen.

Regel Nr. 11: Stellen Sie sich selbst Aufgaben, die Sie interessieren. Das motiviert. !

5.7 Informationsbeschaffung

Marie meint:
Ich habe nicht das Gefühl, dass es mir an Informationen fehlt, wenn ich zum Beispiel ein Referat machen muss. Das größere Problem ist: Wie wähle ich die Informationen so gut aus, dass ich sie gut verwenden kann. Außerdem fehlt mir manchmal eine Idee, wie ich die Informationen ordnen soll. Ohne Ordnung, finde ich, sind die für mich wertlos, weil ich schon nach kurzer Zeit nicht mehr durchblicke.

A *Anregung*

Schildern Sie, wie es Ihnen geht und wie Sie vorgehen. Tauschen Sie sich mit Ihren Nachbarn aus.

Es war noch nie so einfach, sich Informationen über alles Mögliche zu besorgen. Es gibt viele Möglichkeiten und Gelegenheiten – angefangen bei günstigen Büchern aus zweiter Hand, die man übers Internet ersteigern kann, bis zum Internet selbst als Quelle von Informationen.

A *Anregung*

Nehmen Sie an, Sie müssten ein Referat über ein Thema halten, über das nichts oder nicht viel in Ihren Lehrbüchern steht. Am besten Sie wählen ein konkretes Thema aus. Schreiben Sie auf, wo Sie sich Informationen beschaffen können – und probieren Sie es aus.

Drei Aspekte der Informationsbeschaffung:

Informationen finden	**Informationen ordnen**	**mit Informationen arbeiten**
Jedes Thema hat mindestens eine Quelle, die besonders gut und zuverlässig informiert. Finden Sie diese heraus, indem Sie Lehrer, Freunde und Eltern oder die Eltern von Freunden fragen (siehe Lösungen 5.4)	Man kann das gesammelte Material ordnen, wenn man vorher die zentralen Gliederungspunkte des Referats ausgesucht oder festgelegt hat.	Ausgehend von den wichtigsten, zentralen Gliederungspunkten oder Begriffen des Referates arbeitet man das Material durch und markiert die Stellen, die man braucht
Suchen Sie Büchereien aus und fragen Sie nach Titeln zu Ihrem Thema.	Entweder man schreibt die Begriffe auf Zettel, zu denen man das Material (ausgedruckte Seiten aus dem Internet, Bücher usw.) legt – oder man nummeriert die Begriffe wie das Material.	– mit Buchzeichen – mit Marken – mit Häufchenbildung – mit optischem Überblick (siehe Seite 95)
Suchen Sie im Internet nach günstigen Möglichkeiten, Bücher zu kaufen. Gebrauchte Sachbücher sind zurzeit sehr günstig.		Machen Sie sich eine Gliederung vom Referatthema, nach der Sie vorgehen können. Die Gliederung kann ruhig im Verlauf des Schreibens wieder geändert werden.
		Aber auf diese Art geraten Sie nicht so leicht in die Irre!

Schreiben des Referates

Kritische Kontrolle

Lassen Sie das fertige Referat von jemanden lesen und holen Sie dessen kritisches Urteil ein. Der Leser muss nicht unbedingt ein Experte sein. Bauen Sie eventuell dessen Einwände ins Referat ein.

Wenn Sie in der Bearbeitung des Themas – **vor dem Niederschreiben des Referates** – fortgeschritten sind, können Sie sich Ihr Thema auch visualisieren – optisch sichtbar machen. Wir zeigen Ihnen eine Möglichkeit, eine **optische Struktur** zu erstellen, am Beispiel Lernen:

		Lernen		
		Definition: „Lernen"		
Lernen am Erfolg, Verstärkungslernen	Beobachtungs- lernen	Lernen durch Einsicht	Strafe als Sonderform	
		Gestaltung des Lernens		
Regel 1	Regel 2	Regel 3	Regel 4	Regel 5
Regel 6	Regel 7	Regel 8	Regel 9	Regel 10
		Informations- beschaffung		
		Nutzen der Lerntheorie		

Anregung

1. *Wählen Sie sich ein Thema aus und probieren Sie eine optische Darstellung (Gliederung) dieses Themas.*
2. *Vergleichen Sie Ihre Struktur mit der Ihrer Nachbarn und stellen Sie Vorzüge oder Nachteile heraus.*
3. *Überdenken Sie Ihre Struktur nach der Diskussion mit den Nachbarn noch einmal neu.*

A

5.8 Nutzen der Lerntheorie

Welche Vorteile bietet mir die Kenntnis der Lerntheorie?

Das sollte man sich fragen, wenn man sich damit beschäftigt. Oder man sollte es erkennen, wenn man sich die wichtigsten Aspekte des Lernen klargemacht hat.

Lassen Sie uns bei der Beantwortung zwei Bereiche unterscheiden:

Was nützt es mir selbst?	Was nützt es in meiner Arbeit?
Ich habe die Möglichkeit, mein eigenes Lernen und meine Motivation zu lernen und zu verbessern.	Ich weiß nun, wie ich Kinder oder andere Menschen verstärken kann.
Ich habe die Möglichkeit, über meine Laufbahn als lernender Mensch nachzudenken und die Effektivität des Lernens zu verbessern.	Ich kann überlegen, wie ich als Vorbild auf andere Menschen wirke.
	Ich weiß bei meiner Arbeit, wie Lernvorgänge zustande gekommen sind.
	Ich weiß, wie ich andere Menschen u. U. beim Lernen unterstützen kann.

 Anregungen

1. *Schreiben Sie sich möglichst genau auf, wie Sie beim Lernen für die letzte Klausur, für das letzte Referat oder für die letzte Prüfung vorgegangen sind. Untersuchen Sie eine dieser oder alle Möglichkeiten.*
2. *Machen Sie eine Liste mit zwei Spalten: Was habe ich gut gemacht – was habe ich weniger gut gemacht.*
3. *Überlegen Sie, was Sie bei künftigen Lernvorhaben verbessern können und fassen Sie alles zu einem Lernplan zusammen. Sie können sich den Plan übers Bett hängen – und ihn ständig verbessern!*

5.9 Zum guten Schluss

 Was Sie zum Abschluss dieses Kapitels wissen oder erledigt haben sollten:
- ✔ Was ist und wie definiere ich „Lernen"?
- ✔ Welche Lernformen gibt es?
- ✔ Eine Liste der Regeln zum Lernen hängt über Ihrem Bett!
- ✔ Wie bereite ich mich auf ein Referat vor?
- ✔ Wie nützt mir die Kenntnis der Lerntheorie?

6 Die soziale Gruppe

Kurze Vorschau

Zuerst geht es in diesem Kapitel um die soziale Gruppe. Dabei beschäftigen wir uns auch mit verschiedenen Gruppenstrukturen und fragen uns, was Rollen und Normen sind. Danach diskutieren wir den sozialen Status in Gruppen und das Sozio-gramm – das Messen der Beziehungen in Gruppen. Abschließend geht es noch einmal um den einzelnen Menschen in der Gruppe.

6.1 Was ist eine soziale Gruppe?

Marie und Pepe sind beide Mitglie-der in verschiedenen Gruppen.

Marie gehört zu einer Gruppe von vier Freundinnen, die sich gegensei-tig helfen, wenn es um die Haus-aufgaben geht. Sie tauschen sich nicht nur vor den Klassenarbeiten aus. Auch während ihrer Praktika treffen sie sich regelmäßig, um über ihre Erfahrungen zu sprechen. In schwierigen Zeiten helfen sie sich auch gegenseitig. Zum Beispiel hatte Maries Freundin Susanne Zoff mit den Eltern. Marie hat sie

deshalb eingeladen, ein paar Tage bei ihr zu übernachten, um die schlimmste Zeit besser hinter sich zu bringen.

Katrins Vater ist Mitglied bei Borussia Dortmund – er besorgt den vier Freundinnen manchmal Karten für interessante Heimspiele; z. B. wenn die Bayern kommen. Katrin hat früher einmal in einem Frauenclub Fußball gespielt. Seit sie die Ausbildung macht, lässt sie ihre Mitgliedschaft in dem Club aber ruhen. Bei Borussia grölen sie manchmal heftig mit – und halten den Borussen die Daumen. Wiebke interessiert sich am wenigsten für Fußball; sie gibt offen zu, dass sie keine Ahnung hat. Doch sie geht trotzdem mit zum Spiel, muss aber immer aufpassen, dass sie nicht an der falschen Stelle grölt.

Dass alle vier natürlich Mitglied in ihren Familien(-Gruppen) sind, ist ihnen gar nicht bewusst. Das heißt, Wiebke lebt mit ihrem älteren Bruder Arndt und ihrer Mutter zusammen. Ihr Vater ist bei einem Autounfall ums Leben gekommen.

Pepe gehört zu einer Clique von ca. 15 Jungen, die mindestens einmal im Monat Fußball spielen. Sie gehören keinem Verein an, dürfen aber auf einem alten Fußballplatz spielen. Manchmal klappt es, dass sie gegen eine andere Gruppe bolzen, die sich „**Chaos Club**" nennt. *Pepe* und seine Freunde sagen untereinander, dass ihre Gegner wirklich die letzten Chaoten sind. Wenn

sie ab und zu einen Termin mit ihnen zustande kriegen, ist das wirklich ein Wunder. Sich selbst nennen Pepes Freunde manchmal „**Tormänner**", denn sie spielen – mit zwei Mannschaften – auf ein Tor, wenn sie ohne die „Chaoten" spielen. Zwei Jungen arbeiten in der Jugend der evangelischen Kirchengemeinde des Stadtteils mit. Drei weitere sind Mitglied bei Schalke 04. Einer ist in einem Ruderclub in der Nachbarstadt; mit denen fährt er manchmal auch in Urlaub.

A *Anregungen*
1. Besprechen Sie mit Ihrem Nachbarn, in welchen Gruppen Sie Mitglied sind. Erzählen Sie sich etwas über die Aktivitäten Ihrer Gruppen.
2. Stellen Sie in der Diskussion vor der Klasse die Gruppe Ihres Nachbarn vor, die Sie am meisten beeindruckt hat (falls es mehr als eine ist).

Was könnten Sie jetzt schon über Gruppen und über die Zugehörigkeit zu Gruppen sagen?
- Man kann ein Mitglied in einer Gruppe sein, muss es aber nicht.
- Man kann Mitglied in mehreren Gruppen sein (z. B. im Frauenfußballclub, Gruppe in der evangelischen Kirche)
- Man macht in einer Gruppe häufig etwas gemeinsam. Man kann über Hausaufgaben sitzen oder man kann zusammen und gegen andere Fußball spielen.
- Über eine andere Gruppe („Chaos Club") frotzelt man gerne, denn es sind ja die anderen.
- Wenn man zusammen in einer Gruppe ist, kann man sich gegenseitig unterstützen: Man macht zusammen Hausaufgaben, man besorgt sich günstig Karten für ein Fußballspiel.
- Aber man hat auch einfach Spaß daran, wenn man etwas zusammen macht: Man spielt Fußball und frotzelt über andere, man palavert über das laufende Praktikum.

Das allein sind schon wichtige Aussagen über das Leben einer sozialen Gruppe. Man könnte deshalb formulieren:

! **Gegenüber dem Leben als Einzelner hat man in einer Gruppe gewisse Vorteile und Annehmlichkeiten, die man als Einzelner wahrscheinlich nicht hätte.**

Der Einzelne ist eher einsam, er kann sich bei vielen Aktivitäten nicht auf die Unterstützung von Freunden oder Bekannten stützen:

? ◄─────────────────── | Martin | ───────────────────► ?

Der Einzelne

Wenn zwei zusammen sind, Freunde zum Beispiel, spricht man meist nicht von einer Gruppe. Man könnte sie ein **Paar** (im soziologischen Sinne) nennen:

Das Paar

Ein **Paar** sind sie **nicht** im landläufigen Sinn, vielmehr im Sinne einer sozialen Konstellation. Sie treffen sich oft, haben Ähnlichkeit mit einer sozialen Gruppe, sind aber noch keine soziale Gruppe, weil sie nur zu zweit sind.

Ein **Paar** kommt einer Gruppe schon nahe, genießt den einen oder anderen Vorteil der Gruppe – zum Beispiel kann sich ein Paar in schwierigen Zeiten gegenseitig helfen und bei schwierigen Aufgaben (z. B. Klassenarbeiten) unterstützen. Es macht dem Paar auch Spaß, wenn es sich trifft und zusammen etwas unternimmt, weil es eben heiterer ist als das Alleinsein.

Die **Gruppe** ist dadurch gekennzeichnet,
- dass ihre Mitglieder gelegentlich oder häufig zusammen sind, miteinander reden oder etwas zusammen unternehmen.
- Sie kommunizieren miteinander über sich und über andere, wie auch über Dinge und Angelegenheiten, die mit ihnen zu tun haben.
- Die Gruppe hat oft einen mehr oder weniger offiziellen Namen oder eine Bezeichnung („Tormänner"). Der Name kann von den eigenen Mitgliedern und Außenstehenden unterschiedlich verwendet werden („Chaoten" für „Chaos Club").

Die Pfeile in der unten stehenden Grafik deuten an, dass ihre Mitglieder **alle** regelmäßig **miteinander zu tun haben** – d. h. sie haben Kontakt miteinander, bei dem sie sich gegenüberstehen und sich gegenseitig sehen, sich die Hände schütteln, sich raufen usw.

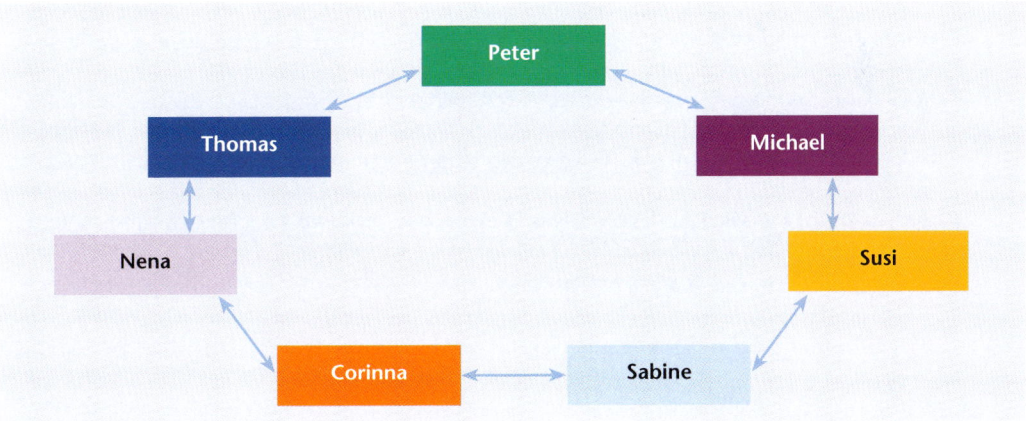

Die soziale Gruppe

Wir haben allerdings noch keine Aussage darüber gemacht, wie die einzelnen Beziehungen der Gruppenmitglieder aussehen.

Die Beziehungen zwischen den einzelnen Gruppenmitgliedern können sehr unterschiedlich sein.

6.2   Gruppenstrukturen

Nehmen wir an, die oben erwähnte Gruppe sei eine Freundesgruppe am Berufskolleg in Anderstadt. Sie hat sich in einer Zeit zusammengefunden, als alle Mitglieder zu der genannten Schule gingen – sie kommen nicht alle aus einer Klasse, sondern aus drei verschiedenen Bildungsgängen. Alle Mitglieder kommen aus dem Vorort Hinterbeck; oft sehen sie sich morgens im Bus zur Schule. Wenn Peter mit dem Pkw seines Vaters fahren darf, das kommt manchmal vor, nimmt er zwei oder drei aus der Gruppe mit zur Schule, je nachdem, wann der Unterricht beginnt.

Beispiel

Da wir es hier mit einer fiktiven (ausgedachten) Gruppe zu tun haben, stellen wir uns vor:

1. *Peter und Nena sind schon seit dem Anfang ihrer Zeit am Berufskolleg befreundet. Sie wohnen nebeneinander und gehen in die Kinderpflege-Unterstufe. Von diesen beiden hängt es oft ab, ob sie sich treffen oder nicht, denn sie koordinieren die Kommunikation in der Gruppe eindeutig. Die beiden wissen, was in der Gruppe passiert und schlagen oft vor, was man zusammen machen könnte. Bei ihnen laufen gewöhnlich alle Fäden zusammen. Es kommt hinzu, dass Ihr Ansehen in der Gruppe relativ ausgeprägt ist, denn sie sind gute Schüler und machen ihre Ausbildung mit viel Engagement und Vergügen.*

2. *Corinna kennt Nena schon seit Kindertagen – sie besuchten zusammen den Kindergarten „Tapsiger Bär" in Hinterbeck.*

3. *Thomas ist mit Corinnas Bruder Nick befreundet (der nicht zur Gruppe gehört). Wenn Thomas zu Nick kommt, spricht er meist auch mit Corinna. Thomas mag Corinna gern, ist aber auch ein wenig schüchtern, sodass Corinna manchmal nicht genau weiß, wie sie sich Thomas gegenüber verhalten soll. Die Verbindung zur Gruppe hat Thomas vorwiegend über Corinna, denn sie informiert ihn oft über geplante Unternehmungen oder Termine.*

4. *Michael mag Peter – häufig reden die beiden über Autos. Da sich Peter aber nicht so gut damit auskennt, hat er nur einen oberflächlichen Kontakt zu Michael. Auch zum Rest der Gruppe hat Michael nur locker Kontakt, wird auch nicht so oft von den übrigen Gruppenmitgliedern angerufen. Michael hat das auch nicht so gerne, weil es in letzter Zeit zu Hause oft Ärger gibt – er will nicht, dass die anderen das merken.*

5. *Susi hat ein Auge auf Peter geworfen, Peter aber erwidert ihre Zuneigung nur halbherzig, weil er glaubt, er sei mit Nena befreundet. Er findet Susi nicht unsympathisch, will aber auch Nena nicht enttäuschen. Er kennt sie schon lange und die Freundschaft mit Nena ist doch sehr tief.*

6. *Susi und Sabine verstehen sich prima. Sie machen oft Hausaufgaben zusammen und mögen die gleiche Musik. In der Gruppe haben sie vor allem mit Thomas Kontakt, denn sie sind auch mit ihm in einer Klasse.*

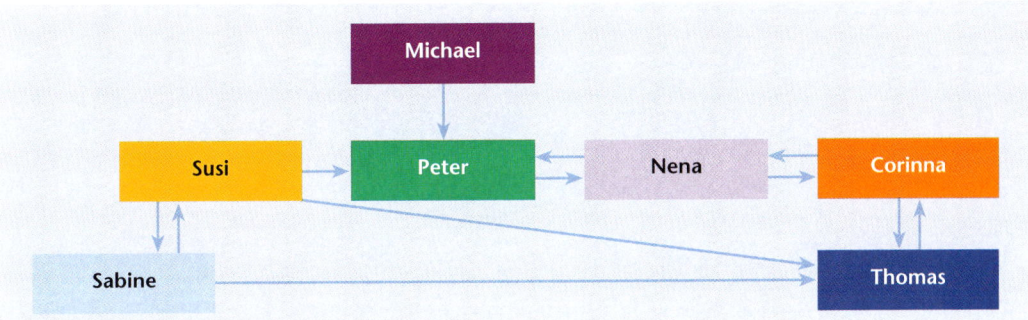

*Gruppenstruktur mit **Zentrum** bei Peter und Nena*

Das ist die mögliche **Struktur** einer Gruppe. Sie ist durch folgende Aspekte gekennzeichnet:
- Es gibt ein Zentrum (Peter-Nena).
- Am Zentrum hängen zwei Stränge (Peter-Susi-Sabine und Nena-Corinna-Thomas).
- Es gibt ein Mitglied, das nur lose mit der Gruppe verbunden ist (Michael).
- Es gibt weitere Verbindungen (Susi-Sabine-Thomas), die den Gruppenzusammenhang wohl eher stützen als gefährden oder in Frage stellen. Sie unterstützen aber auch nicht den zentralistischen Hang der Gruppe, da die Verbindung mit dem Zentrum eher lose ist – eine direkte Verbindung mit dem Zentrum existiert zum Beispiel nicht.
- Es gibt keinen Gegner des Zentrums (Peter-Nena).

Peter R. Hofstätter (1963, S. 149) spricht von den **Distanzen zwischen den Mitgliedern** in einer sozialen Gruppe. Distanz könnte man als die Vertrautheit oder nicht-Vertrautheit zwischen den Mitgliedern bezeichnen. So wäre die Distanz zwischen Peter und Nena wesentlich kleiner als die zwischen Peter und Sabine. Begründung:
- Peter kommuniziert mit Nena sehr häufig. Der Grad ihrer Vertrautheit miteinander ist sehr hoch.
- Dagegen kommuniziert Peter wesentlich weniger häufig mit Michael oder Thomas. Sie sind einander weniger vertraut.

Mitglieder, die sich häufiger besuchen oder die häufiger miteinander kommunizieren oder interagieren, sind sich vertrauter – oder in die Gruppe „gut integriert"(vgl. Hofstätter, 1973, S. 323–324).

Wir müssen davon ausgehen, dass es auch andere Gruppenstrukturen gibt als die, die wir oben genannt haben. Zum Beispiel:

*Die **lineare** Gruppenstruktur*

Bei der linearen Struktur kann man nur schwer eine Gruppe erkennen. Zwischen den einzelnen Mitgliedern der Gruppe gibt es zwar Verbindungen, wenn diese aber reißen, so ist der Zusammenhalt innerhalb der Gruppe zerstört – und die Gruppe teilt sich in zwei Gruppierungen auf. **Peter** hätte hier nur noch Verbindungen zu Nena und Susi, die beide wiederum nur zu jeweils einer Person Kontakt hätten. Peter wäre der einzige, der mit zwei Mitgliedern kommunizieren würde. Wo bleibt da das Gruppenleben, fragt man sich zu Recht.

Eine weitere Möglichkeit der Struktur wäre die Y-Struktur (vgl. Mann, 1991, S. 57):

Sabine

Michael

Peter

Nena

Corinna

Susi

Thomas

Die Y-Struktur der Gruppe

Kennzeichen der Y-Struktur wären damit:
1. **Peter** hätte so etwas wie eine zentrale Position in der Gruppe. Unter Umständen könnte er auch die Führung der Gruppe haben, denn er hätte als einziges Gruppenmitglied zu drei Mitgliedern einen guten Kontakt.
2. **Sabine, Michael und Nena** hätten eine gute Kommunikation mit **Peter**.
3. Alle weiteren Mitglieder (**Corinna, Susi, Thomas**) hätten nur eine mittelbare Kommunikation mit Peter – also nur einen losen Kontakt zum Gruppenführer, falls **Peter** das wäre.

Strukturen einer Gruppe, das haben wir nun erfahren, setzen sich so zusammen, wie die Beziehungen in der Gruppe beschaffen sind.
- Häufige Kommunikation zwischen Personen (in einer Gruppe) festigen die Beziehungen. Umgekehrt sprechen auch weniger häufige Kontakte für lose oder flache Beziehungen zwischen Personen.
- Es gibt Beziehungen zwischen zwei (und mehreren) Personen, die eher von einer Person ausgehen. In diesem Falle ist die Kommunikation weniger intensiv, da sie vorwiegend von einer Seite gewünscht oder geschätzt wird.
- Es gibt weiterhin die Möglichkeit, dass zwei Personen zu einer Gruppe gehören, aber untereinander kaum Kontakt haben. Vergleichen Sie dazu die o. a. Gruppenstrukturen.

Grafisch ausgedrückt, kann eine Beziehung in einer sozialen Gruppe sehr intensiv bis sehr flach sein – aber als Mitglieder in derselben Gruppe haben die Mitglieder eine Beziehung, auch wenn sie minimal ist:

Sehr intensiv

Sehr flach

Häufige oder weniger häufige Kontakte zwischen den Personen einer Gruppe haben Konsequenzen für die Struktur einer Gruppe.

Die oben beschriebenen Strukturen einer Gruppe sind ein Versuch, die unterschiedlichen Strukturen zu ordnen. Ob sie in der Realität auch so vorkommen, ist eine andere Sache. Beim Erarbeiten von **Soziogrammen** sieht man, dass die Strukturen keineswegs so rein vorkommen, wie wir sie dargestellt haben. Die Realität ist eben nicht so leicht zu ordnen, wie man das gerne tun möchte. Vor allem nicht die soziale Realität.

6.3 Rollen und Normen

In der sozialen Realität, in Schulklassen, in Kollegien, in Sportvereinen, in Gesellschaften usw. gibt es eine Reihe von Rollen, die miteinander verbunden so etwas wie eine Ordnung in diesen sozialen Gefügen ausmachen.

Eine Rolle zu spielen, scheint auf die Übereinstimmung aller beteiligten Gruppenmitglieder zurückzugehen. Die Realisierung einer Rolle scheint auf dem Einverständnis der Gruppenmitglieder aufzubauen.

Leon Mann schreibt dazu:

„Die Rollen- oder Arbeitsstruktur ist das Aufgaben- oder Verantwortlichkeitsmuster der Mitglieder innerhalb einer Gruppe; sie stellt die Arbeitsteilung oder Rollenverteilung der Gruppe dar."

(Mann, 1991, S. 59)

Diese Arbeitsteilung sorgt dafür, dass das Gruppenziel auch erreicht wird. Am Beispiel unserer Standardgruppe „Freundesgruppe am Berufskolleg", wie wir sie in den Kapiteln **6.1** und **6.2** aufgezeigt haben, wären zentrale Gruppenziele:
- Gegenseitige Hilfe und Unterstützung beim schulischen Fortkommen, auch wenn nicht alle Mitglieder in einer Klasse sind.
- Gemeinsamer Spaß bei Freizeitunternehmungen.
- Hinterbeck jederzeit als schönsten Stadtteil von Anderstadt verteidigen.

Die Rolle beschreibt eine Reihe von Aufgaben innerhalb einer sozialen Gruppe. Es gibt verschiedene Rollen in einer Gruppe, die auch unterschiedliche Aufgaben zu erledigen haben. Eine Rolle übernimmt man – oder nimmt sie ein. Auch im Theater gibt es Rollen, die gewisse Ähnlichkeiten mit denen in einer sozialen Gruppe haben – auch in der Theater-Rolle werden unterschiedliche Aufgaben übernommen.

Wie sind nun die **Rollen** in unserer „Freundesgruppe am Berufskolleg" verteilt? Wir gehen von der ersten Version in Kapitel **6.2 Gruppenstrukturen** aus:

Der Führer/die Führerin

Das ist nicht so eindeutig, wie wir das gerne hätten. Denn manchmal sorgt **Peter** dafür, dass alle in der Gruppe Bescheid wissen, dass alles funktioniert, wie es sich die Gruppe vorstellt. Aber **Nena** unterstützt ihn häufig sehr. In der Regel übernimmt sie auch seine Rolle. Zum Beispiel berät sie Gruppenmitglieder bei schulischen und familiären Problemen. Peter kümmert sich eher um gemeinsame Termine und Vergnügungen, die außerhalb der Schule liegen: er macht Vorschläge, sammelt Geld ein und sorgt dafür, dass die Absprachen eingehalten werden. Wir könnten also sagen, dass **Nena und Peter die beiden Führungs-**

persönlichkeiten in der Gruppe sind; sie nehmen die Führerrolle ein. (Das ist nicht in jeder Gruppe der Fall. Bei unserer Gruppe ist das schon ein Sonderfall.)

In der Erfüllung ihrer Aufgaben sind **Nena** und **Peter** tüchtig – niemand will ihnen ihre Führungsrolle streitig machen, obwohl es **Susi** manchmal stinkt, dass Nena so fest mit Peter befreundet ist. **Tüchtigkeit und Beliebtheit sind zwei wichtige Pfeiler einer Führerrolle**.

Der Mitläufer/die Mitläuferin

Man könnte in **Michael** und **Thomas** am ehesten die Mitläufer erkennen. Sie sind in der Regel gerne mit der Gruppe zusammen, steuern aber am wenigsten aktiv zu den Gruppenzielen bei. Zu den meisten Entscheidungen sagen sie „Ja und Amen" – und damit ist die Sache für sie erledigt. Insgeheim findet es Thomas manchmal ein bisschen provinziell und kleinkariert, wenn alle immer davon reden, wie schön es in Hinterbeck doch sei. Lokalpatriotismus ist ihm eigentlich zuwider.

Der Gegenspieler/die Gegenspielerin

Corinna tendiert am ehesten dazu, manchmal Peter zu widersprechen. Mit der Vertrautheit mit Nena im Rücken trumpft sie gelegentlich auf, wenn Peter Vorschläge macht. Neulich war sie heftig gegen einen gemeinsamen Konzertbesuch, ruderte aber zurück, als Nena sich an die Seite von Peter stellte und seinen Vorschlag befürwortete. Auch wenn sie manchmal auftrumpft, so beansprucht sie doch nicht die Führerrolle – das wäre ihr vermutlich zu anstrengend. Sie hat genug mit ihren Problemen in der Schule zu tun. Sie würde auch niemals von den Gruppenmitgliedern als Führerin akzeptiert – das weiß sie auch ganz genau.

Der Außenseiter/die Außenseiterin

Diese Rolle lässt sich nicht so leicht festlegen. Wenn es eine Außenseiterin gibt, dann ist es am ehesten **Sabine**. Sie hat ein großes Interesse an Mode und Design – und trägt es auch manchmal zur Schau. Zu stinknormalen Diskothek-Besuchen takelt sie sich manchmal auf, als gelte es, in einem Opernball die schönste Frau zu spielen. Die meisten Gruppenmitglieder lächeln darüber; nur Peter ärgert sich manchmal. „Na, Sabine, haste wieder mal über die Stränge geschlagen?", fragt er dann spöttisch. Doch Sabine nimmt's mit Humor.

Der Sündenbock

Diese Rolle scheint es in der Gruppe nicht zu geben. Jedenfalls gab es bisher noch keine Ereignisse, die eine solche Rolle gezeigt hätten. Die meisten von ihnen sind doch sehr sozial eingestellt – jemanden aber zum Sündenbock abzustempeln, das würden sie wahrscheinlich nicht akzeptieren.

Anregungen

1. Untersuchen Sie die Gruppen, in denen Sie Mitglied sind auf ihre Rollenzusammensetzungen. Schildern Sie Ihr Gruppenleben.

2. Definieren Sie die verschiedenen Rollen, die Sie in Ihren Gruppen erkennen können.

Die Normen einer Gruppe hängen mit den Zielen und Aufgaben zusammen.

Die Norm ist eine Vorgabe für ein Verhalten, das in der Gruppe erwünscht ist, oder für eine Einstellung in der Gruppe, die von allen mehr oder weniger gefordert wird. Weicht ein Mitglied von der Norm ab, wird es zur Rechenschaft gezogen.

Wir haben es bereits angedeutet: Die „Freundesgruppe am Berufskolleg" ist eine sozial eingestellte Gruppe, die auf die gegenseitige Unterstützung baut – das ist eine Norm, auf die alle Gruppenmitglieder auch stolz sind und die ihnen allen schon einmal geholfen hat.

Beispiel

Peter hat neulich **Thomas** angeschnauzt, weil der sich mit **Nena** *über seine Schwierigkeiten in Mathematik unterhalten wollte. Er wollte sie eigentlich fragen, ob sie jemanden kennt, der ihm helfen kann. Dafür unterbrach* **Thomas** *das Gespräch, das Peter mit Nena führte.* **Peter** *war stocksauer, dass er ohne Vorwarnung unterbrochen wurde.*

*Nena aber hatte für Peter kein Verständnis. „**Das Problem von Thomas ist doch nicht ohne! Also müssen wir sehen, wie ihm geholfen wird!**", schnauzte sie zurück. Peter wurde sehr kleinlaut, denn gerade ein Gruppenführer muss sich an die Normen der Gruppe halten; das hat er schnell registriert.*

Peter wich von der Norm der Gruppe ab, dass Mitgliedern mit Schwierigkeiten (möglichst schnell) geholfen werden müsse. Deshalb missbilligte Nena sein Verhalten.

Anregungen

A

1. Beschreiben und untersuchen Sie die Normen in Ihren Gruppen.
2. Diskutieren Sie, wie diese Normen eingehalten werden.

6.4   Der soziale Status und das Gruppenleben

Im Allgemeinen ist der Status die Bezeichnung für den Grad der Wertschätzung für eine Rolle oder aber eine Person in einem sozialen Gefüge – z. B. in einer Gruppe.

!

Wird die Rolle oder eine Person in einer Gruppe sehr geschätzt und das von möglichst vielen Mitgliedern, so nimmt sie einen hohen Status ein.

Rolle 1 und Rolle 2 genießen unterschiedlich viel Wertschätzung in der Gruppe

Hat die Rolle 2 in der obigen Grafik eine hohe Anerkennung durch sechs Mitglieder der Gruppe, so ist ihr Status (oder ihr sozialer Rang) höher als der der Rolle 1, die nur die Anerkennung von zwei Mitgliedern hat.

Nach Meyers Kleines Lexikon Psychologie (1986, S. 366) kann der Status
- **zugeschrieben** sein oder
- durch eigene Aktivität **erworben**.

Der **hohe Status** (oder das Ansehen) einer Firma kann sich auf einen Angestellten der Firma übertragen. Der Angestellte hätte dann einen hohen Status, der ihm wegen der Verdienste seiner Firma **zugeschrieben** wird. Der hohe Status kann auch von einem Ehegatten übertragen worden sein: Zum Beispiel sagt man gelegentlich „Frau Doktor", wenn die Ehefrau des Arztes angesprochen wird. Auch hört man oft „Frau Professor", wenn der Ehemann Wissenschaftler an einer Universität ist.

Der **hohe Status** kann durch Fleiß und Tüchtigkeit **erworben** werden: Zeichnet sich eine Person durch herausragende Leistungen aus, erwirbt er damit ein hohes Ansehen.

Beispiel

*Im „**Freundeskreis am Berufskolleg**" gibt es keinen **übertragenen Status**. Also müssen wir davon ausgehen, dass die Anerkennung, die jede einzelne Rolle in dieser Gruppe erhält, erworben wird bzw. ist. Vergleichen wir die Anerkennung, die **Peter** und **Thomas** in der Gruppe erhalten.*

Wir vergegenwärtigen uns die Zusammensetzung der Gruppe aus dem Kapitel **6.2 Gruppenstrukturen**:

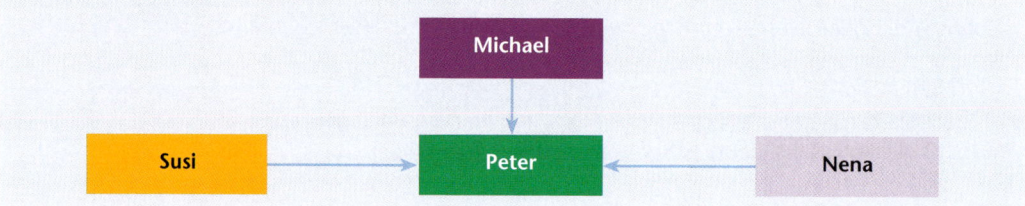

Soziale Anerkennung durch Susi, Michael und Nena: Der Status von Peter

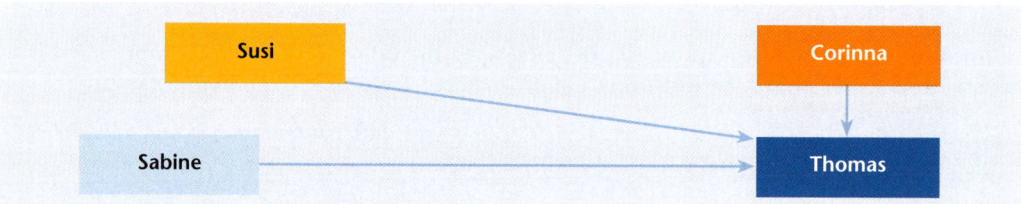

Soziale Anerkennung durch Sabine, Susi und Corinna: Der Status von Thomas

 Anregungen

1. Diskutieren Sie den Status von Peter und Thomas in der Kleingruppe.
2. Bewerten Sie Ihr Ergebnis auf dem Hintergrund der tatsächlichen Gruppenstruktur, wie sie in Kapitel 6.2 Gruppenstrukturen dargelegt wurde.
3. Vergleichen Sie Ihr Ergebnis mit **Lösungen 6.1** am Ende des Buches.

A **Anregung**

1. Vergleichen Sie das soziale Ansehen aller Personen der Gruppe und stellen Sie Ihr Ergebnis in einer Tabelle dar. (Siehe dazu **Lösungen 6.2** am Ende des Buches.)
2. Diskutieren und bewerten Sie die Unterschiede im Status (im sozialen Rang) zwischen den verschiedenen Gruppenmitgliedern.

Die Untersuchung der beiden Positionen von Peter und Thomas kann wie folgt zusammengefasst werden:
Der Status beider Personen scheint gleich ausgeprägt (hoch).

Man kann sich fragen: **Wie bekommt jemand in einer Gruppe Anerkennung oder Ansehen?** Das ist in der Regel nicht leicht zu beantworten. Grundsätzlich aber hängt der Status einer Person oder einer Rolle davon ab, wie tüchtig sich jemand für die Ziele der Gruppe einsetzt. Am *Beispiel* unserer Standardgruppe „Freundeskreis am Berufskolleg" könnte das bedeuten:

> *Setzt sich **Peter** dafür ein und bemüht er sich tatkräftig und effektiv, dass alle Mitglieder in der Schule (am Berufskolleg) weiterkommen und auch viel Spaß bei den gemeinsamen Freizeitaktivitäten haben, so bekommt er dafür sicherlich die Anerkennung der Gruppe (der Gruppenmitglieder). Er muss sich also bemühen – aber auch tatsächlich Erfolg haben.*
>
> *Ließe sein Erfolg nach, obwohl er sich bemüht, wäre sein Ansehen als Führer gefährdet. Unter Umständen würde er dann seine Rolle als Führer der Gruppe verlieren, denn sein Status würde dann vielleicht nicht mehr ausreichen (sein Ansehen würde sinken), dass er seine Rolle mit seinen Fähigkeiten ausfüllen könnte.*

Für die Rolle des Mitläufers oder gar des Außenseiters muss der Status nicht hoch sein. Will man dagegen Gruppenführer sein, muss man auch einen entsprechenden Status haben, der darin besteht, die Anerkennung möglichst vieler Mitglieder zu haben.

Man kann die Anerkennung der Mitglieder auch verlieren – zum Beispiel, wenn die Erfolge nachlassen oder wenn man sich so verhält, dass es den Gruppenzielen nichts nützt oder ihnen sogar schadet. Will man einen hohen Status haben, muss man sich also auch ständig darum bemühen.

Den meisten Menschen ist es angenehm, wenn sie anderen Menschen vermitteln können: Ich habe viel Anerkennung – ich habe einen hohen Status. Das erreicht man oft dadurch, dass man sich mit Dingen oder Gegenständen umgibt, die anderen vermitteln sollen: Er ist ein bedeutender Mensch. Solche Dinge oder Sachen nennt man **Statussymbole**.

Beispiel
> *Ein großes Auto, Markenkleidung, viel Geld, Titel – das sind z. B. Dinge, die anderen Menschen suggerieren: „Aha, sie/er hat viel geleistet – sie/er hat oder verdient viel Anerkennung."*

Anregungen
1. *Diskutieren Sie die Frage: Welche Statussymbole gelten unter Jugendlichen als beliebt?*
2. *Beziehen Sie im zweiten Teil der Diskussion mit ein, welche Unterschiede es zwischen Mädchen und Jungen gibt.*

Manfred Sader schreibt in seinem Standardwerk „Psychologie der Gruppe":

„Wenn wir es im Alltag mit dem Geschehen in Gruppen zu tun haben, so spielen Aussagen über die Beziehungen von Mitgliedern untereinander zur Gruppe eine wesentliche Rolle. Etwa: A hat großen Einfluss auf die Entscheidungen der Gruppe; B hat bisher versucht, alle Vorschläge zu blockieren; es lähmt unsere gemeinsame Arbeit, dass C sich nicht ernstlich beteiligt; wenn D nicht so gut den jeweiligen Diskussionsstand zusammenfassen würde, stünden wir noch am Anfang (...)"

(Sader, 1976, S. 48 f.)

Sader zeigt damit sehr schön: Das Leben in der Gruppe hängt von der Aktivität jedes einzelnen Mitglieds ab. Selbst die wenig aktiven Mitglieder können das Gruppenleben stark beeinflussen, wenn sie es durch Rückzug aus aktuellem Geschehen lähmen.

So kann man sich nach der Diskussion des Status auch vorstellen:

Je höher der Rang eines Gruppenmitglieds, je stärker ausgeprägt sein Ansehen ist, desto stärker kann man sich seinen Einfluss auf das Gruppengeschehen ausmalen.

Stellen wir uns ein *Beispiel* bei dem „Freundeskreis am Berufskolleg" vor:

> *Seit Wochen ist bekannt, dass die Musikgruppe Tokio Hotel ein Konzert in der Westfalenhalle in Dortmund geben wird. Einige aus dem „Freundeskreis" – **Susi**, **Peter** und **Nena** – sind ganz scharf darauf, zu dem Konzert zu fahren. Die drei möchten auch den Rest der Gruppe darauf verpflichten, sich Karten zu besorgen, um den Besuch gemeinsam zu organisieren. Das war bisher so üblich, wenn sich bekannte Gruppen in der Gegend zu einem Konzert einfanden.*
>
> *Die Wahrscheinlichkeit, dass sich **Susi**, **Peter** und **Nena** durchsetzen ist hoch, da man davon ausgehen kann, dass der Einfluss von **Peter** größer sein wird als z. B. der von **Michael**, der in der Gruppe kaum Ansehen genießt.*
>
> *Nehmen wir weiterhin an, dass **Michael**, **Sabine** und **Corinna** eigentlich dagegen sind. Die drei behaupten, sie hätten in der Zeit wichtige Klassenarbeiten. **Thomas** aber ist unentschieden und könnte sich von einer der beiden Seiten überzeugen lassen.*

A *Anregungen*

1. Diskutieren Sie die wahrscheinlichste Entscheidung in der Gruppe. Sehen Sie auch nach unter **Lösungen 6.3** am Ende des Buches.

2. Diskutieren Sie ähnliche Entscheidungsprozesse in den Gruppen, die Sie kennen bzw. in denen Sie Mitglied sind. Gehen Sie immer von einem ganz konkreten Ereignis aus, das Sie in den Mittelpunkt der Diskussion stellen.

Als ein übersichtliches Verfahren von **Entscheidungen** gilt folgendes nach Bernstein und Lowy:

- Die Gruppe macht sich das **Problem bewusst**. Das setzt voraus, dass sich die Gruppe damit auseinandersetzt und das Problem möglichst klar formuliert.
- Die verschiedenen **Lösungsmöglichkeiten werden erörtert** und gegeneinander abgewogen.
- Eine **Entscheidung wird getroffen**, nachdem die Gruppe ausführlich darüber diskutiert hat. Dabei werden natürlich auch die Konsequenzen der Entscheidung herausgearbeitet.
- Die Gruppe **handelt** so, wie es die Entscheidung (vom vorigen Schritt) vorsieht. Danach wird über den Ausgang gesprochen.
- Nun wird **geprüft**, welche Ergebnisse die Entscheidung gebracht hat. Das könnte, für den Fall, dass sich der „Freundeskreis" für Tokio Hotel entschieden hätte, die Diskussion darüber sein, ob es sich gelohnt hat, das Konzert zu besuchen.

(vgl. Kühne, 1997, S. 271)

! **Gruppenentscheidungen sind bedeutende Ereignisse. Sie führen die Gruppe noch mehr zusammen und sind damit Meilensteine bei der Entwicklung einer Gruppe.**

! **Gruppen sind dynamische soziale Gebilde. Sie entwickeln sich weiter.**

Gruppen, die schon länger zusammen sind, pflegen ihr Gruppenleben. Sie diskutieren über die Entwicklung der Gruppe. Sie unternehmen viel und organisieren Treffen, die das Leben in der Gruppe beeinflussen, fördern und erhalten. So sind sie niemals Gebilde, die erstarren und stillstehen („Wer rastet, rostet!").

6.5   Das Messen sozialer Beziehungen („Soziogramm")

Jede Gruppe ist ein kompliziertes soziales Gebilde. Nicht immer ist durchschaubar, was in ihr passiert.

Eine Möglichkeit, einen Teil des Gruppenlebens zu erfassen, ist das Soziogramm. Es verdeutlicht die „sozial-emotionalen" Beziehungen in einer Gruppe. Dieses Verfahren, genannt Soziogramm, ist von dem Arzt und Psychiater Jakob Levy Moreno (1889–1974) entwickelt worden. Es ist heute ein Standardverfahren, das von vielen Fachleuten und Laien benutzt wird, um das Geflecht von Beziehungen in einer Gruppe aufzuzeigen.

Das **Verfahren des Soziogramms** beruht auf einer einfachen Frage an jeden in der Gruppe – zum Beispiel:
- Mit wem möchtest Du am liebsten Fußball spielen?
- Wen würdest Du zu Deiner Geburtstagsparty einladen?
- Mit wem gingst Du am liebsten ins Kino?

Der Beobachter notiert sich, wer wen gewählt hat und entwickelt daraus das Soziogramm, indem er z. B. die Personen als Kästchen und die Wünsche als Pfeile wiedergibt.

Ein solches Beispiel ist das folgende. Das Material wurde von einer Praktikantin entwickelt, die ihr Berufspraktikum in einem Jugendfreizeitheim absolvierte. Die Namen der Gruppenmitglieder der „Gruppe Freizeitheim" sind verschlüsselt, sodass niemand Rückschlüsse auf die tatsächliche Gruppe ziehen kann (Datenschutz!).

Stadium 1								
	Sam	Mam	Hom	Blub	Posi	Derk	Min	Jin
Sam		×			×			
Mam	×						×	
Hom						×	×	
Blub					×	×		
Posi	×	×						
Derk			×				×	
Min		×	×					
Jin		×					×	
Summe	2	4	2	0	2	2	4	0

Die senkrechte Reihenfolge in der linken Spalte gibt die Namen der Gruppenmitglieder wieder. Sie wurden gefragt:
Wen möchtest Du am liebsten in Deiner Basketballmannschaft haben? (Basketball war zu jener Zeit ein beliebtes Spiel im Jugendheim.) Vom Beobachter wurden **zwei Wahlmöglichkeiten** gestattet – jedes Gruppenmitglied konnte sich zwei Mitglieder aussuchen, mit denen es am liebsten spielen wollte. Die Befragung wurde so gestaltet, dass andere Gruppenmitglieder nicht hören konnten, wer wen gewählt hatte. Dieser Umstand sollte eine Gewähr dafür bieten, dass sich niemand von den Befragten unter Druck gesetzt fühlte.

Unten links in der Tabelle werden die Summen der Wahlen eingetragen, sodass Sie sofort überschauen können, welches Gruppenmitglied wie oft gewählt wurde. Das ist eine sehr übersichtliche Form der Darstellung. Aus der oben angegebenen Tabelle wurde nun folgende Soziogramm-Grafik entwickelt.

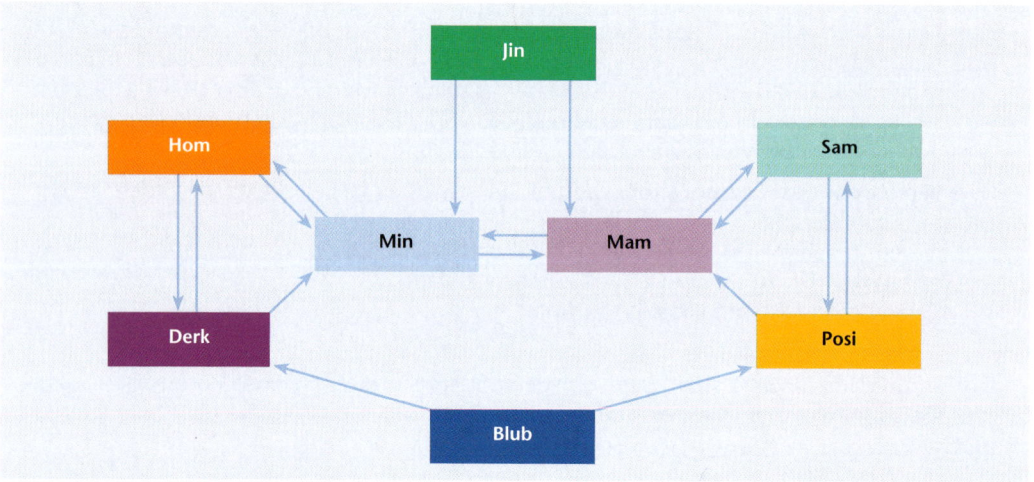

A

Anregungen

1. *Diskutieren Sie die Struktur des o. a. Soziogramms: Arbeiten Sie die wichtigsten Beziehungszusammenhänge heraus. (Sehen Sie auch unter **Lösungen 6.4** am Ende des Buches.)*
2. *Kontrollieren Sie dabei immer wieder die Kreuze in der darüber stehenden Tabelle der Wahlen.*

Die Praktikantin im Jugendheim wollte aber nicht nur wissen, wie die Gruppenbeziehungen zu einem bestimmten Zeitpunkt aussahen, sie interessierte sich auch dafür, wie sich die Gruppe weiterentwickelte. Sie machte Wochen später ein zweites und danach noch ein drittes Soziogramm. In alle drei Soziogrammen wurde die gleiche Frage gestellt, damit eine Vergleichbarkeit der Soziogramme gegeben war.

Wir geben nun die Aufzeichnungen vom 3. Soziogramm wieder:

Stadium III							
	Sam	Mam	Hom	Blub	Posi	Derk	Min	Jin
Sam		×			×			
Mam	×				×			
Hom						×	×	
Blub			×		×			
Posi	×	×						
Derk		×	×					
Min			×			×		
Jin						×	×	
Summe	2	3	3	0	3	3	2	0

Anregungen

1. *Entwickeln Sie aus der Tabelle eine Soziogramm-Grafik. Legen Sie Wert darauf, dass sich die Linien (Wahlen) nicht kreuzen, damit eine gewisse Übersichtlichkeit besteht. (Siehe auch unter **Lösungen 6.5** am Ende des Buches.)*
2. *Vergleichen Sie das erste mit dem dritten Soziogramm und diskutieren Sie, wie sich die Gruppenbeziehungen in dieser Zeit (von einigen Wochen) entwickelt haben. Formulieren Sie Ihre Ergebnisse in ganzen Sätzen. (Siehe dazu **Lösungen 6.6** am Ende des Buches.)*

Anregungen

1. *Erstellen Sie ein Soziogramm von einer Gruppe Ihrer Wahl.*
2. *Besprechen Sie eventuell mit Ihrem Praxisanleiter und mit den Betroffenen Ihr Vorhaben.*
3. *Legen Sie eine zentrale Frage an die Gruppenmitglieder fest, die in das Gruppenleben dieser Gruppe passt. (Eine Frage darf nicht lächerlich klingen. Sie können z. B. Jugendliche nicht fragen, mit wem sie am liebsten im Sandkasten spielen würden).*
4. *Erstellen Sie ein Raster – der Gruppengröße angemessen. Tragen Sie die Wahlen darin ein. Wenn die Gruppe groß ist (z. B. über 10 Mitglieder), empfiehlt es sich, nur eine einzige Wahl zuzulassen.*
5. *Entwickeln Sie aus der Tabelle der Wünsche eine Soziogramm-Grafik.*
6. *Diskutieren Sie die Grafik und halten Sie die wichtigsten Ergebnisse in ganzen Sätzen fest.*
7. *Wenn Sie Fragen zu der Realisierung dieses Soziogramms haben, beraten Sie sich mit Ihrer Lehrerin/Ihrem Lehrer oder mit Ihrer Praxisanleiterin.*

Mit den **Ergebnissen des Soziogramms** darf man nur **äußerst vorsichtig umgehen**:

- Tragen Sie die Ergebnisse des Soziogramms niemals nach außen, es sei denn, Sie haben es mit der betroffenen Gruppe abgesprochen. Es gilt selbstverständlich für diese Ergebnisse Datenschutz.
- Eine gute Möglichkeit des Schutzes ist, die Namen der Gruppenmitglieder zu verschlüsseln.
- Diskutieren Sie auch die Ergebnisse der Soziogramme nur sehr behutsam. Ein Soziogramm sagt nicht viel über eine Gruppe. Man darf nicht so tun, als sei das der Weisheit letzter Schluss. Ein Soziogramm ist ein Augenblicks-Bild von der Gruppe, das am folgenden Tag schon wieder anders aussehen kann. Sätze zu den Ergebnissen formulieren Sie am besten im Konjunktiv: … „könnte" … „sollte" usw.

6.6 Die Gruppe und der einzelne Mensch

Man fragt sich zu Recht: Was reizt den Menschen, sich in Gruppen aufzuhalten und in Gruppen zu arbeiten? Was ist daran interessant, sich auf Gruppen einzulassen und mit ihnen zu handeln?

Das ist eine schwierige Frage, deren Beantwortung sehr komplex ist. Wir wissen, dass wir meist in der Gruppe aufwachsen – in der Primärgruppe (siehe **Lösungen 6.7**), die wir Familie nennen. Selbst wenn wir die Gruppe der Familie verlassen, halten wir uns in der Gruppe der Gleichaltrigen auf – in der Gruppe der Freunde, in der Kindergartengruppe, in der Schulklasse usw.

Auf der einen Seite ist das Leben in der Gruppe eine gesellschaftliche Notwendigkeit – es gibt keinen Kindergarten für einzelne Menschen, keine Schule für Individuen. Auf der anderen Seite fühlen wir uns verlassen und einsam, wenn wir nicht die Möglichkeit haben, uns in verschiedenen Gruppen aufzuhalten.

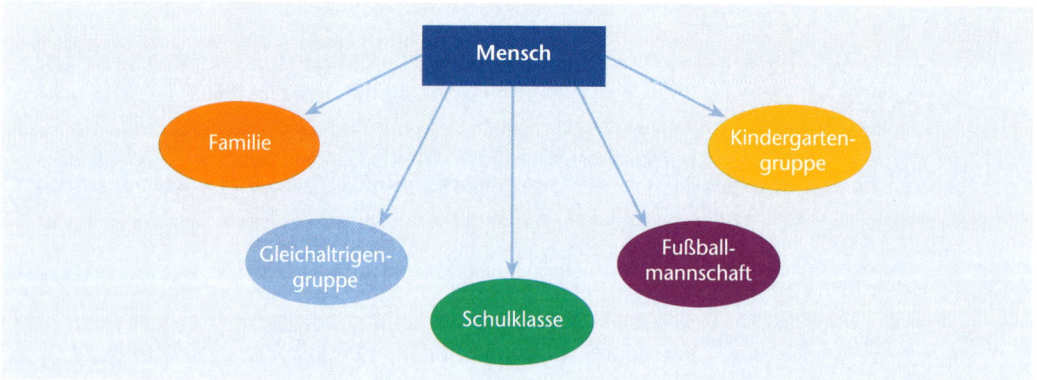

Der Mensch lebt in Gruppen

> **!** **Bis zum Ende seines Lebens hat der Mensch in vielen Gruppen gelebt, hat sich mit ihnen vergnügt, hat in ihnen vielleicht gelitten, hat in ihnen gearbeitet und auch in ihnen gelernt. Ohne sie wäre er nicht das geworden, was er ist.**

In der Gruppe lernen wir zu handeln bzw. zu **interagieren** (Siehe Lösungen 6.8) – nach Rolf Oerter und Leo Montada haben wir drei verschiedene Möglichkeiten, in Gruppen zu handeln:

1. **Wir stellen uns selbst dar:** Indem wir etwas tun, das von anderen wahrgenommen wird, tun wir es in einer uns eigenen Art und Weise. Wir tun es so, wie wir es gelernt haben und wie wir es gewohnt sind. Anders gesagt: Wir präsentieren uns selbst in unserem Tun. Wir stellen uns dar. (Selbstdarstellung)
2. **Wir verhandeln:** Da wir nicht davon ausgehen können, dass andere in der Gruppe das Gleiche denken und tun wie wir, müssen wir darüber verhandeln, was geschehen soll, damit etwas in der Gruppe und für die Gruppe getan wird. (Verhandeln)
3. **Wir interpretieren unseren Gegenüber oder unseren sozialen Partner:** Man sieht, was der andere tut und wie er sich verhält. Ich mache mir Vorstellungen darüber, wie er dazu kommt und warum er etwas so tut, wie er es gerade tut. Ich interpretiere ihn aus meinen Erkenntnissen – da mögen durchaus auch meine Vorerfahrungen mit ihm eine Rolle spielen. (Interpretation des Gegenübers) *(vgl. Oerter/Montada, 1982, S. 72 f.)*

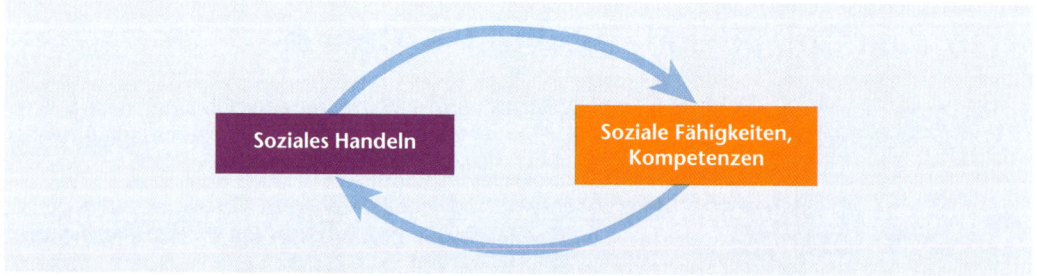

Wer in sozialen Zusammenhängen handelt, erwirbt soziale Fähigkeiten (Kompetenzen); wer soziale Kompetenzen hat, kann angemessen in sozialen Situationen handeln.

> **!** **Wir wissen: Wer handelt, lernt daraus. Wir wissen auch: Wer in sozialen Situationen handelt, erwirbt Fähigkeiten, die ihm helfen, angemessen bis geschickt in sozialen Situationen zu handeln.**

Welche Fähigkeiten oder Kompetenzen sind das, die wir beim Handeln (Interagieren) in sozialen Situationen lernen? Soziologie und Psychologie geben darauf die Antwort:

1. **Rollendistanz:** Der sozial handelnde Mensch erwirbt die Fähigkeit, seine eigene Rolle und die an sie gebundenen Erwartungen zu überdenken und kritisch zu hinterfragen.
2. **Einfühlung in die Rolle des anderen** („Role-taking", Empathie): Der sozial handelnde Mensch entwickelt die Fähigkeit, sich in den anderen Menschen und seine Rolle hineinzuversetzen. Damit hat er auch die Kompetenz, dessen Verhalten besser vorauszusehen. Zum Beispiel hat man herausgefunden, dass sozial kompetente Kinder das Verhalten des Lehrers besser voraussahen; damit konnten sie sich besser auf sein wahrscheinliches Verhalten einstellen.
3. **Fähigkeit, Spannungen in sozialen Konflikten auszuhalten:** Wer Spannungen in Konflikten aushalten und einen kühlen Kopf behalten kann, ist anderen Gruppenmitgliedern in der Regel überlegen. Und wer einen kühlen Kopf behalten kann, wenn es um ihn herum „kracht", weiß auch eher, wie man aus der schwierigen Situation wieder hinausfindet. Er kann besser planen.
4. **Seine eigene Identität entwickeln:** Indem man sozial handelt, entwickelt man in Abgrenzung zu anderen Menschen seine eigene Art und Weise zu leben, zu denken und zu handeln. Nur wer in sozialen Situationen und Prozessen seine Identität entwickelt und bewahrt, kann als sozialer Partner anerkannt und geachtet sein.

(vgl. Oerter/Montada, 1982, S. 72 ff.)

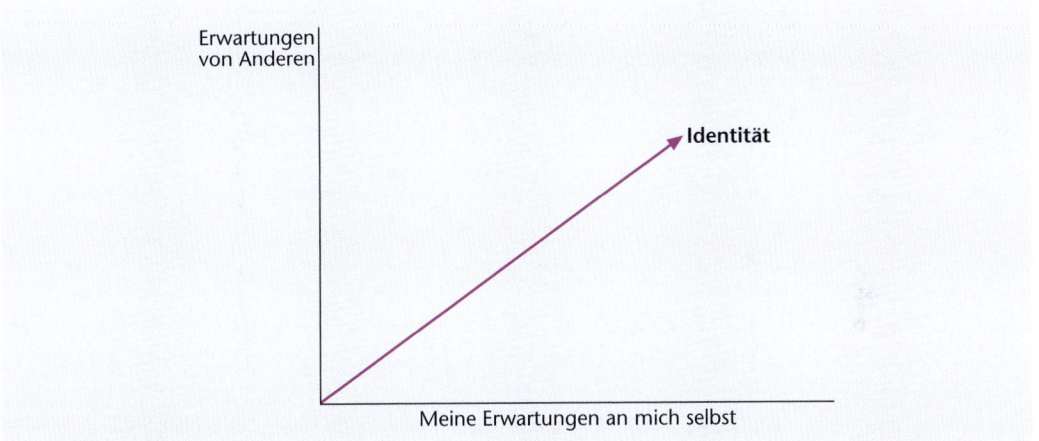

Identität entwickelt sich aus den Erwartungen der anderen und meinen eigenen Erwartungen an mich

Anregungen   **A**
1. Beschreiben Sie im vertrauten Gespräch mit einem guten Freund/einer guten Freundin Ihre besondere Art und Weise, in sozialen Situationen (Klasse, Freundeskreis, Familie usw.) zu handeln.
2. Diskutieren Sie mit einem Freund/einer Freundin, wie diese Art und Weise in sozialen Situationen (und bei anderen Menschen) ankommt.

Auf der einen Seite wird uns viel gegeben, wenn wir in Gruppen aktiv sind. Wir lernen, uns in ihnen zu verwirklichen. Auf der anderen Seite bringen wir auch unsere Fähigkeiten und Fertigkeiten in das Gruppenleben ein. Gruppen leben davon, dass sich die einzelnen Menschen mit ihrer Identität einbringen. Sie profitieren von den Fähigkeiten des Einzelnen.

Anregungen

1. *Denken Sie darüber nach, was Sie selbst in die Gruppen einbringen, in denen Sie Mitglied sind. Schreiben Sie Ihre Ergebnisse in ganzen Sätzen auf.*
2. *Überlegen Sie auch, was Sie selbst ganz konkret davon haben, dass Sie in verschiedenen sozialen Gruppen aktiv sind.*

6.7 Zum guten Schluss

 Wenn Sie dieses Kapitel bearbeitet haben, sollten Sie folgende Sachverhalte kennen:

✔ Wie unterscheidet sich eine Gruppe von anderen sozialen Gebilden?
✔ Was versteht man unter der Gruppenstruktur und welche Strukturen gibt es?
✔ Was sind Rollen und Normen in der Gruppe?
✔ Was versteht man unter Status und wie kommt er in der Gruppe zustande?
✔ Wie beeinflusst der soziale Status das Gruppenleben?
✔ Wie kann man die sozialen Beziehungen in einer Gruppe aufzeigen?
✔ Was hat der Mensch davon, dass er in einer Gruppe bzw. in Gruppen lebt?
✔ Welche Kompetenzen/Fähigkeiten erwerben wir, wenn wir in sozialen Situationen handeln?

7 Konflikte und ihre Bearbeitung

Kurze Vorschau
Eingangs wird es in diesem Kapitel um den Konflikt und seine Beschreibung gehen, anschließend um die verschiedenen Arten von Konflikten. Es gibt verschiedene Möglichkeiten, mit Konflikten zurechtzukommen – damit werden wir uns beschäftigen. Danach zeigen wir auf, wie ein Konflikt genutzt werden kann, eine bessere Atmosphäre in der Gruppe herzustellen. Sie bekommen anschließend die Möglichkeit, einen Konflikt aus der Praxis zu diskutieren. Abschließend geht es um Konflikte unter Kindern.

7.1 Konflikte allgemein

Marie und *Pepe* berichten:

Konflikte in der Klasse haben schon oft das Leben aller Schülerinnen und Schüler der Klasse erschwert. Tagelang gab es „dicke Luft" – manchmal sogar über mehrere Wochen.

Marie berichtet von einem Beispiel, bei dem es um wochenlange Auseinandersetzungen in Sachen Klassenfahrt ging. Die Auseinandersetzungen begannen schon am ersten Tag, als das Thema vom Klassensprecher thematisiert wurde. Bald war auch der Klassenlehrer muffelig und wollte nicht mehr über das Thema reden. Eines Tages aber kam der Klassenlehrer in den Unterricht und schlug vor, ein klärendes Gespräch zu führen. Das taten wir auch. Am Ende der drei Stunden waren alle erleichtert und froh, obwohl es nicht einfach war, das Konfliktgespräch auszuhalten. Und danach waren alle Schülerinnen der Klasse, samt Lehrer, wie ausgewechselt.

Pepe erzählt von einem Konflikt um eine Klassenarbeit, die einige Schülerinnen nicht schreiben wollten, weil sie der Auffassung waren, der Lehrer habe das Thema nicht richtig vorbereitet. Ein Teil der Klasse wollte nichts dazu sagen, der Rest meckerte, dass das Thema zum Problem gemacht wurde. Die Atmosphäre in der Klasse war miserabel. Kaum einer wollte noch etwas lernen. So blieb der Konflikt bis nach der Klassenarbeit bestehen – danach wurde er allmählich unaktuell. Aber noch heute wird heiß und heftig diskutiert, wenn dieser unbearbeitete Konflikt zum Thema wird.

A   *Anregung*
*Suchen Sie in Büchern und im Internet nach Beschreibungen und nach Definitionen des Begriffs **Konflikt**. Diskutieren Sie Gemeinsamkeiten und Unterschiede bei den verschiedenen Darstellungen.*

Was Sie an Definitionen und Beschreibungen des Konflikts finden werden, mag sehr unterschiedlich sein. Doch bei einigen Aspekten werden Sie ähnliche Darstellungen lesen:

! **Der Konflikt ist eine soziale Situation, in der unterschiedliche Wahrnehmungen, Auffassungen, Bewertungen und Handlungen einander gegenüberstehen, die nicht nur auf den ersten Blick, sondern schon eine Zeit lang miteinander unvereinbar sind und sich unversöhnlich gegenüberstehen. Unterschiedliche Auffassungen, Bewertungen usw. werden von Personen oder Personengruppen vertreten. In der Regel sind Konflikte mit heftigen Gefühlsausbrüchen verbunden.**

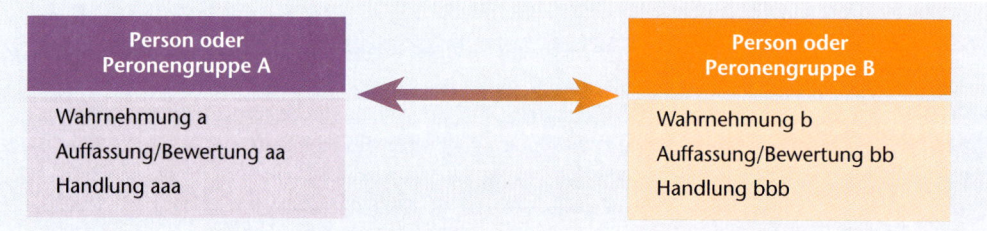

Unterschiedliche Wahrnehmungen, Auffassungen/Bewertungen und Handlungen stehen sich unversöhnlich gegenüber

Wenn Sie der Auffassung sein sollten, dass man keine zwei verschiedenen Wahrnehmungen von einer (sozialen) Situation (Realität) haben kann, dann beschäftigen Sie sich noch einmal mit der Subjektivität der Wahrnehmung in **Kapitel 1 Wahrnehmen und Beobachten**. Sie finden dort einen relativ häufig vorkommenden Sachverhalt:

Beispiel
Drei Beobachter müssen den Hergang eines Unfalls schildern, weil die Polizei wissen möchte, wie der Unfall im Detail verlaufen ist. Das Ergebnis ist in der Regel: Drei unterschiedliche Schilderungen des Unfallhergangs. (Ein Unfall → drei unterschiedliche Auffassungen über seinen Verlauf)

! **Konflikte haben ihren Ursprung im Denken und Handeln des Menschen. Will man einen Konflikt bearbeiten oder gar bereinigen, muss man sich mit dem Denken und Handeln der am Konflikt beteiligten Menschen auseinandersetzen.**

! **Konflikte können offen ausgetragen werden, sodass sie für jedermann sichtbar sind. Sie können sich aber auch in den Köpfen der Menschen ereignen, sodass man genau hinschauen oder hinhören muss, um einen Konflikt zu entdecken. Im Denken und Handeln äußert sich der Konflikt in diesem Fall indirekt.**

Beim „Konflikt in meinem Kopf", dem inneren Konflikt, muss ich unterscheiden
- zwischen dem Konflikt, der nur mich betrifft, weil ich selbst betroffen bin und niemand anderer (mein eigener Konflikt)
- und dem Konflikt, den ich in einer Gruppe habe, der aber nicht in der Gruppe, sondern nur in meinem Kopf ausgetragen wird (mein geheimer Gruppenkonflikt)

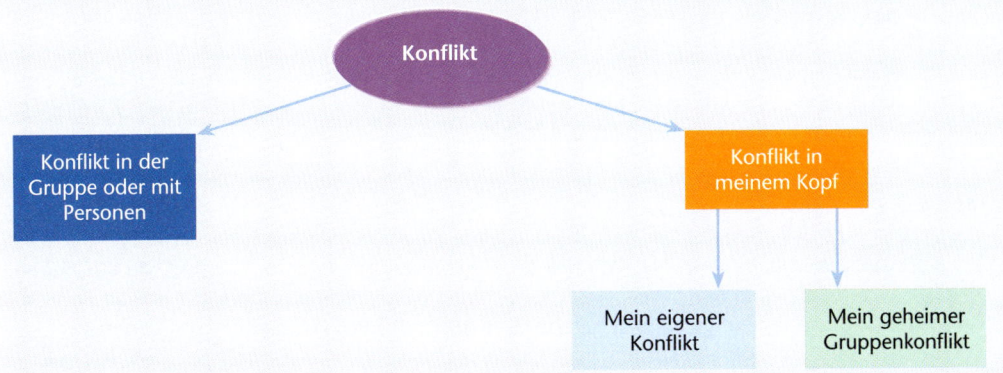

Der Konflikt in meiner Gruppe und der Konflikt in meinem Kopf

7.2 Konfliktarten

Anregungen

A

1. *Beschreiben Sie Konflikte, die Sie mit Ihren Eltern, Lehrern oder in Ihren Gruppen hatten sehr genau – mit allen Details, die Ihnen einfallen.*
2. *Besprechen Sie mit Ihrem Nachbarn die Probleme, die sich durch den Konflikt ergeben haben und wie Sie damit umgegangen sind.*
3. *Überlegen Sie, in welche der folgenden Arten Ihr geschilderter Konflikt passen könnte. Formulieren Sie eine Begründung.*

Der innere Konflikt

Diesen Konflikt spüren wir in uns. Wir fühlen uns hin- und hergerissen zwischen verschiedenen Möglichkeiten – und wissen eigentlich nicht genau, wie wir uns verhalten sollen.

Beispiel

Eine Praktikantin sieht, wie ein Kind offenbar an seinen erogenen Zonen spielt. Auf der einen Seite, denkt die Praktikantin, ist das für ein Kind relativ normal, auf der anderen Seite ist ihr das sehr peinlich, weil sie selbst gelernt hat, das gehöre sich nicht. Andererseits weiß sie auch nicht, was ihre Praxisanleiterin dazu sagt. Sie denkt sich auch: Was würde meine Mutter dazu sagen?

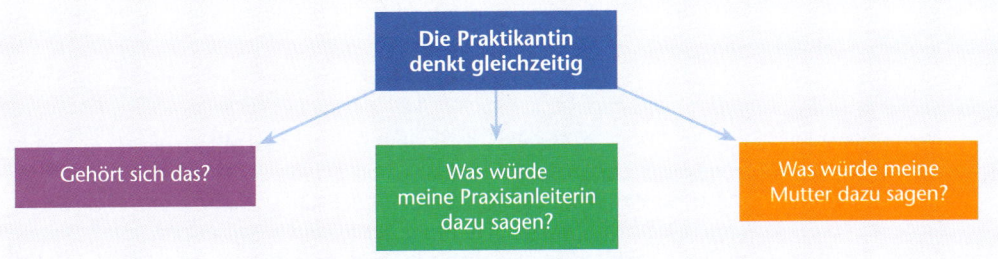

Der innere Konflikt der Praktikantin

Auf der einen Seite ist sie sehr aufgeregt und weiß nicht, was sie machen soll. Auf der anderen Seite ärgert sie sich über sich selbst.

Es wäre in diesem Fall gut, wenn sie sich mit der Praxisanleiterin oder einer anderen kompetenten Vertrauensperson darüber unterhalten könnte, wie sie sich nun verhalten soll.

Der Rollenkonflikt

Ein Rollenkonflikt entsteht dann, wenn eine Person mehrere Rollen gleichzeitig innehat bzw. übernommen hat. Da wir aber alle mehrere Rollen übernehmen, haben wir zumindest manchmal auch einen Rollenkonflikt.

Beispiel

*In einer Kita arbeiten die Leiterin Rita und ihre Freundin, die Kinderpflegerin Olga, in der Regel gut zusammen. In der letzten Zeit aber passiert es häufiger, dass Frau Olga bestimmte Arbeiten, die ihr unangenehm sind (z. B. Aufräumen am Ende des Kindergartentags), liegen lässt und nach Hause geht. Die Leiterin Rita überlegt nun, häufig sehr aufgeregt, was sie machen soll. Soll sie ihre Autorität als Chefin hervorkehren und mit Olga Tacheles reden? Oder soll sie ihr als Freundin (hinter vorgehaltener Hand) zu verstehen geben, dass sich andere Kolleginnen in der Kita schon über sie beschwert haben. Das Risiko, wenn sie als Chefin auftritt: Ihre Freundschaft könnte darunter leiden (**Risiko 2**). Das Risiko, wenn sie als Freundin argumentiert: Olga wird sich nichts daraus machen und ihr Verhalten nicht ändern, weil sie sich vielleicht nur ändert, wenn sie die Autorität der Chefin spürt (**Risiko 1**). Rita ist ratlos. Wie soll sie sich verhalten?*

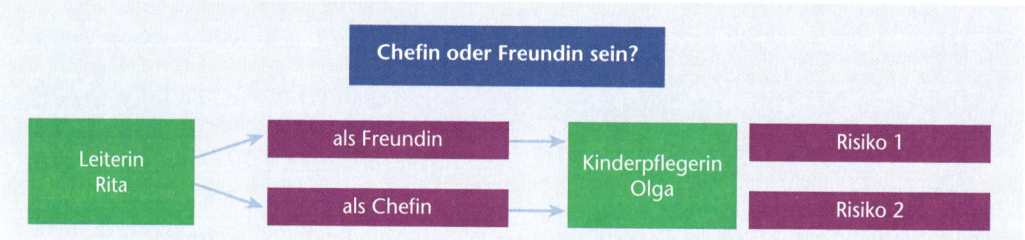

Dieser Konflikt kann ein „innerer Konflikt" sein und bleiben, er kann aber auch offen zutage treten, wenn das gesamte Personal der Einrichtung davon weiß und sich auch entsprechend einmischt.

Der Beziehungskonflikt

Ein Beziehungskonflikt liegt dann vor, wenn die Beziehung zwischen zwei Personen gestört ist. Die Interaktionen zwischen den Konfliktpartnern sind dann heftig, wütend, unüberlegt und vielleicht ungerecht.

Beispiel

Zwei Kolleginnen Katrin und Tina „bekriegen" sich schon seit ein paar Wochen. Macht Katrin einen Vorschlag, findet Tina ihn „bescheuert". Macht Tina ein Projekt mit den Kindern, regt sich Katrin darüber auf, weil sie es nicht gut vorbereitet findet. Die gesamte Einrichtung leidet darunter. Die Teambesprechungen sind von dem Streit der beiden in Mitleidenschaft gezogen. Keiner aus dem Team hat mehr Interesse daran, etwas zu erarbeiten, weil alles im Streit endet. Die Team-Mitglieder schlagen sich dann auf beide Seiten der Streithähne.

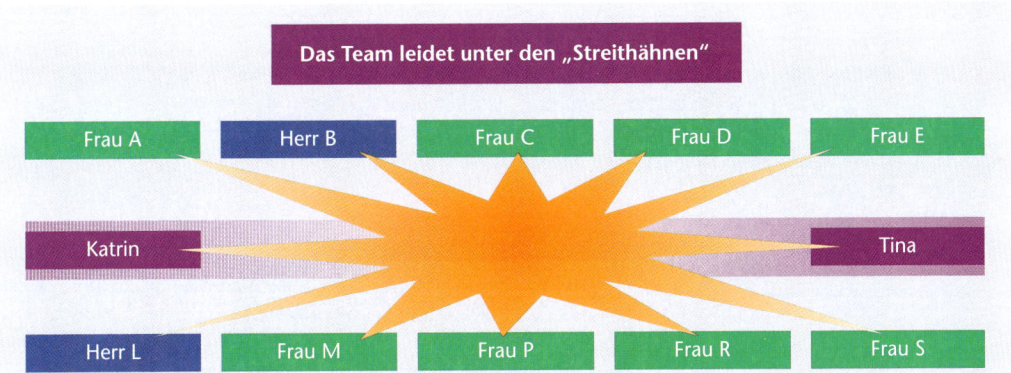

Der Beziehungskonflikt strahlt aus und macht das Team zu zwei Parteien

Das Team täte gut daran, sich um eine Beilegung des Konflikts zwischen Katrin und Tina zu bemühen.

Der Beurteilungskonflikt

Der Beurteilungskonflikt besteht darin, dass Einigkeit im Team über das Ziel herrscht, dass sich das Team aber nicht auf einen Weg einigen kann, der zum Ziel führt.

Beispiel

Das Team in einem Seniorenzentrum ist sich nach langen Diskussionen einig, die Bewohner mehr mit Menschen von außen zusammenzubringen. Doch die Art und Weise, wie das geschehen soll, ist umstritten. Die eine Gruppe ist der Auffassung, man müsse die Verwandten der Bewohner stärker engagieren. Eine zweite Gruppe meint, man müsse mehr Veranstaltungen im Haus anbieten. Die dritte Gruppe hat unterschiedliche Auffassungen und kann sich auf nichts einigen oder festlegen.

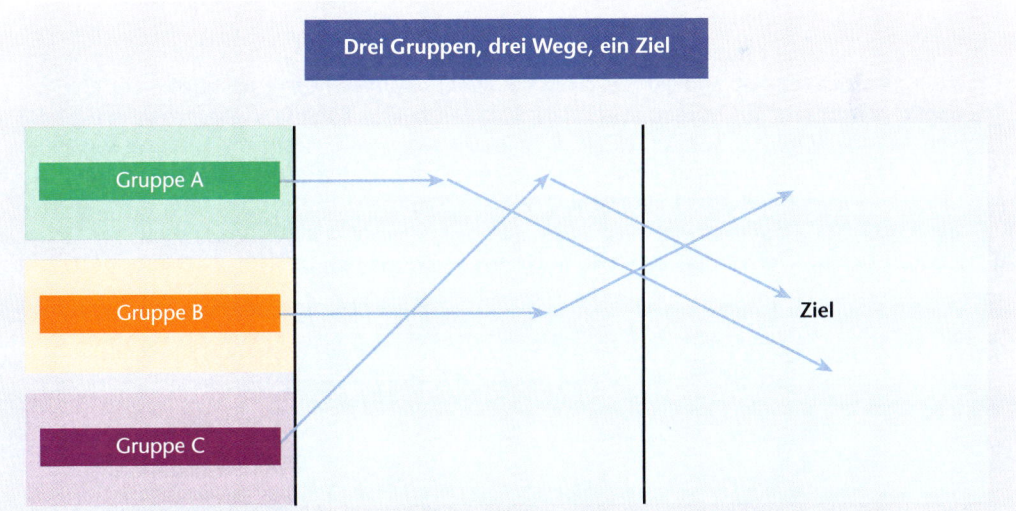

Der Verteilungskonflikt

Der Verteilungskonflikt ist gegeben, wenn es wenig Möglichkeiten, Finanzen oder Reserven gibt, aber die Nachfrage groß ist. Man streitet um das wenige, was da ist.

Beispiel

Der relativ häufige Konflikt ist dadurch gegeben, dass in einer Institution eine Beförderungs-stelle ausgeschrieben ist, die mit deutlich mehr Lohn ausgestattet werden soll. Die Auseinan-dersetzung, wer sich bewerben soll und darf, spaltet häufig Teams oder die Mannschaft eines ganzen Hauses. Jeder, der sich bewerben möchte, ist meist der Auffassung, dass sie/er es am meisten verdient habe. Und mit den einzelnen Bewerbern solidarisieren sich weitere unbetei-ligte Personen.

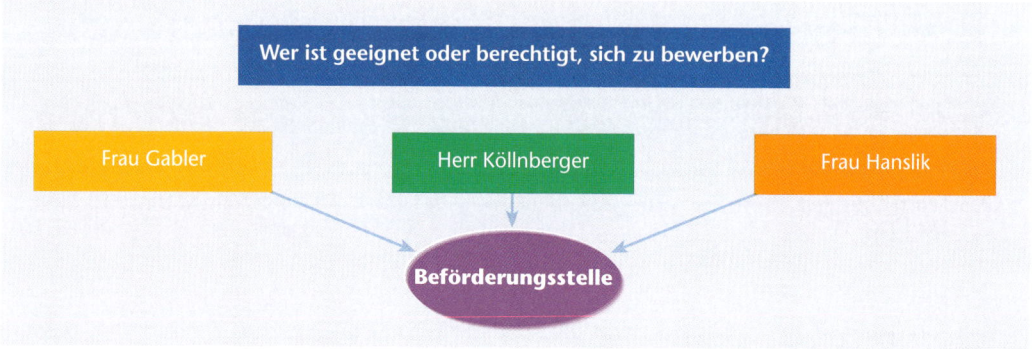

Ziel-Konflikt

Die Gruppe ist sich uneinig über ein Ziel oder mehrere Ziele. Sie ist sich uneins darüber, welches Ergebnis bestimmte Aktivitäten haben sollen.

Beispiel

Eine kommunale Einrichtung möchte, dass sich mehr Klienten für sie interessieren. Es ist wohl bemerkt worden, dass die Einrichtung im Vergleich zu anderen Häusern der Stadt in der Presse wenig genannt wird. Aber die Bekanntheit wird auch darüber entscheiden, ob sich das Haus unter dem starken Konkurrenzdruck wird halten können, wenn sich nicht mehr Klienten behandeln lassen. Unter den Beschäftigten ist ein heißer Kampf ausgebrochen, was man machen soll, um mehr Klienten zu bekommen. Die einen wollen einfach, dass über das Haus mehr in der Presse berichtet wird – und deswegen müsse man mehr Aktionen starten. Die anderen ziehen eine Charme-Offensive vor: Wir müssen freundlicher sein, dass es sich herumspricht. Die dritte Gruppe will überhaupt nichts anders machen, denn sie ist der Auffas-sung: Qualität wird sich irgendwann durchsetzen und sich auf diese Art bezahlt machen.

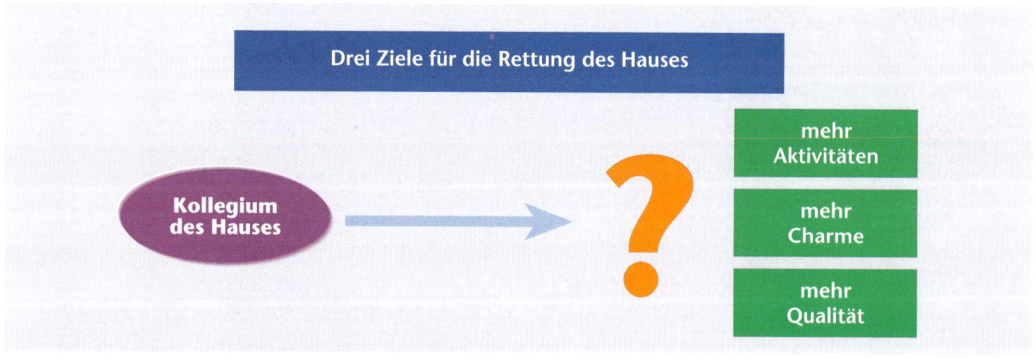

Der Werte-Konflikt

Der Werte-Konflikt ist einer der schwierigsten. Er entzweit die Gruppe, die Mannschaft oder das Team über der Frage: Welche Werte sind uns wichtig? Werte aber haben es an sich, dass sie nicht nur schwer zu beschreiben, sondern auch schwer an Gegner zu vermitteln sind.

Beispiel

Nehmen wir das Beispiel aus dem vorausgehenden (Ziel-)Konflikt. Hinter jedem Ziel verbergen sich Werte. (a) Wer mehr Aktivitäten als Ziel favorisiert, bewertet die Vergangenheit so: „Wir haben bisher viel zu wenig getan. Wir müssen uns mehr anstrengen." Bei der Argumentation stimmen die Gruppennormen und Gruppenwerte nicht mehr. (b) Wer mehr Charme fordert, glaubt, die Fassade müsse aufpoliert werden – es komme auf das Äußerliche an. (c) Wer auf die bisher erbrachte Qualität baut, ist vielleicht zu faul, über den Konkurrenzdruck nachzudenken – oder es ist ihm gleichgültig, was mit der Einrichtung geschieht oder wie sie sich entwickelt.

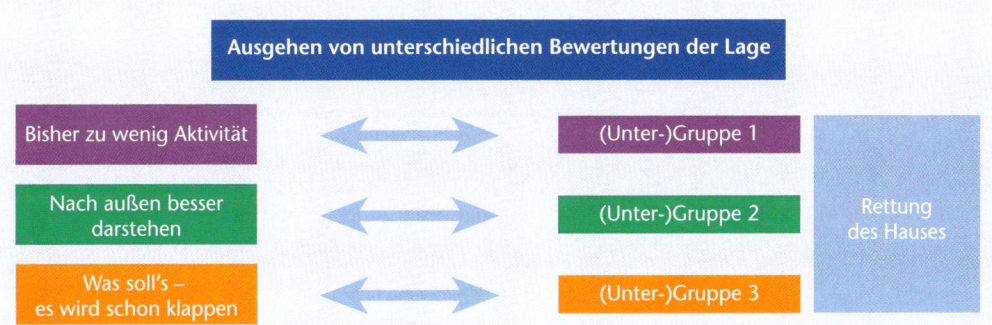

Bei dieser Art der Auseinandersetzung geht es um Normen in der Gruppe.
- Wenn die (Unter-)**Gruppe 1** behauptet, bisher sei zu wenig gearbeitet worden, formuliert sie eine Norm: „Was wir hier tun, ist nicht ausreichend. Es muss mehr getan werden."
- Ähnlich sieht es mit der Behauptung der (Unter-)**Gruppe 2** aus: „Wir sind zu wenig freundlich. Wir müssen freundlicher werden, dann klappt das schon!"
- (Unter-)**Gruppe 3** allerdings will keine Normen gelten lassen: „Es wird auch ohne Normfestlegungen klappen", könnte ihr Argument sein.

Pepe *berichtet:*

In seinem letzten Praktikum geriet er in einen schon existierenden Konflikt im Haus. Er wusste nicht, wie er entstanden war und wie er sich verhalten sollte.

Pepe *findet es besonders schwierig, sich in bestehende Konflikte einzuleben. Er glaubt eigentlich, dass man in der Situation alles falsch machen muss, weil man zu wenig weiß.*

Anregung   **A**
1. *Berichten Sie von Konflikten aus Ihrem Praktikum: Wie haben Sie bemerkt, dass es einen Konflikt gibt?*
2. *Schildern Sie, wie Sie damit umgegangen sind und hören Sie sich die Schilderungen Ihrer Klassenkameraden an.*

7.3 Der Umgang mit dem Konflikt

Menschen gehen sehr unterschiedlich mit Konflikten um. Nicht immer spielt dabei der Nutzen eine wichtige Rolle. Häufig denken sich Menschen auch: Diese Auseinandersetzung passt mir jetzt nicht – ich tue so, als hätte ich keinen Konflikt; ich verschwinde einfach aus dem Blickfeld.

Anregungen
1. *Schildern Sie einen konkreten Konflikt, den Sie in einer Gruppe (Familie, Klasse, Freundesgruppe) hatten – oder verwenden Sie eine Schilderung, die Ihnen bereits vorliegt.*
2. *Diskutieren Sie die Vorgehensweise: Wie gehen die Gruppenmitglieder damit um? Womit könnte man das Vorgehen vergleichen? (siehe auch die nächsten Möglichkeiten des Umgangs mit Konflikten)*

Kühne, Mahlmann und Wenzel sehen mehrere Möglichkeiten, mit Konflikten umzugehen (vgl. Kühne/Mahlmann/Wenzel, 2002, S. 65 ff.):

Rückzug und Flucht

So handeln viele Menschen. Da der Konflikt ein bestimmtes Maß an Anstrengung fordert, wollen sich viele Menschen gerade hier und jetzt nicht anstrengen. Sie ziehen sich in der Gruppe zurück, beteiligen sich nicht mehr am Gespräch und an den Auseinandersetzungen. Eine weitere Möglichkeit besteht darin, einfach aus der Gruppe zu verschwinden „wenn's brennt".

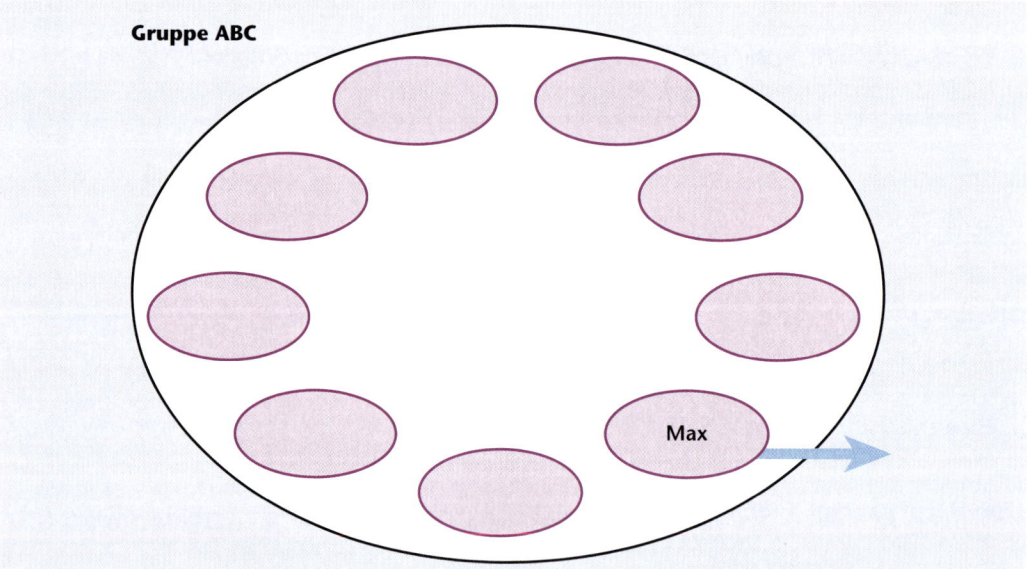

Max flieht aus der Gruppe zum Zeitpunkt X, als es wegen des Konflikts heiß hergeht

Der entscheidende Nachteil bei diesem Vorgehen ist der, dass der Konflikt mit allen Details erhalten bleibt. Nichts wird geklärt. Im Gegenteil: Es kommt Konfliktstoff dazu, denn die Flucht von Max erzeugt noch mehr Unmut. Der Umstand führt meist dazu, dass sich das Problem vergrößert, das durch den Konflikt entstanden ist.

Verzicht oder Unterdrückung

Wenn man selbst darauf verzichtet, dass der Konflikt ausgetragen wird, gibt man den anderen in der Gruppe die Möglichkeit, dass sie ihre Vorteile wahrnehmen. Man verzichtet auf die eigenen Möglichkeiten, Chancen zu verwerten, die man hätte. Das kann passieren, wenn man den Ausgang des Konflikts ohnehin als verloren einschätzt – man denkt: „Die Mühe ist es nicht wert, da ich ohnehin unterliegen werde."

Es kann auch passieren, dass man denkt: Zurzeit ist es für mich nicht so wichtig, dass ich diese Auseinandersetzung für mich entscheide – es gibt wichtigere Probleme in der Gruppe; wenn es dann um die geht, werde ich mich (später) schon dafür einsetzen.

Eine weitere Variante des Verzichts: Ist ein Mitglied zu schwach – oder fühlt es sich zu schwach, eine Auseinandersetzung für sich entscheiden zu können, wird es sich nicht die Blöße geben wollen, in der Auseinandersetzung zu verlieren. Bei der Auseinandersetzung begibt sich dann das Mitglied an den Rand der Gruppe und lässt alles über sich ergehen – nach der Devise: „Lass' sie nur machen – mich interessiert es nicht".

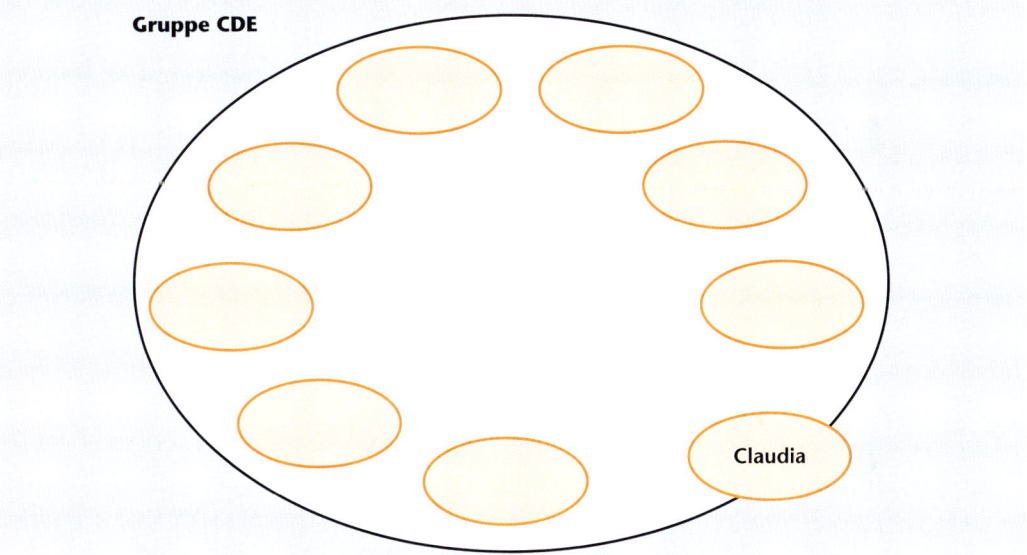

Claudia begibt sich an den Rand der Gruppe

Der **Vorteil** mag sein: Je weniger Mitglieder sich um die Austragung des Konflikts bemühen, desto unkomplizierter wird die Klärung.

Der entscheidende **Nachteil**: Wenn ein Konflikt ohne ein oder zwei Mitglieder bereinigt wird, entsteht Unzufriedenheit oder auch Unmut bei den Mitgliedern, die sich nicht beteiligt haben. Das könnte bedeuten: Der Konflikt ist noch nicht endgültig geklärt. Er könnte irgendwann wieder einmal die Gemüter erhitzen – geschürt vielleicht von denjenigen, die bei der Bereinigung nicht mitgemacht haben.

Kampf oder Durchsetzung

Kampf und der Wille zur Durchsetzung der eigenen Bedürfnisse kann dann aktuell sein, wenn man sich stark genug fühlt, seine Bedürfnisse anzumelden und kämpferisch durchsetzen zu wollen. In der Regel geht man so vor, wenn man sich stark genug fühlt oder aber wenn man Wünsche oder Ziele hat.

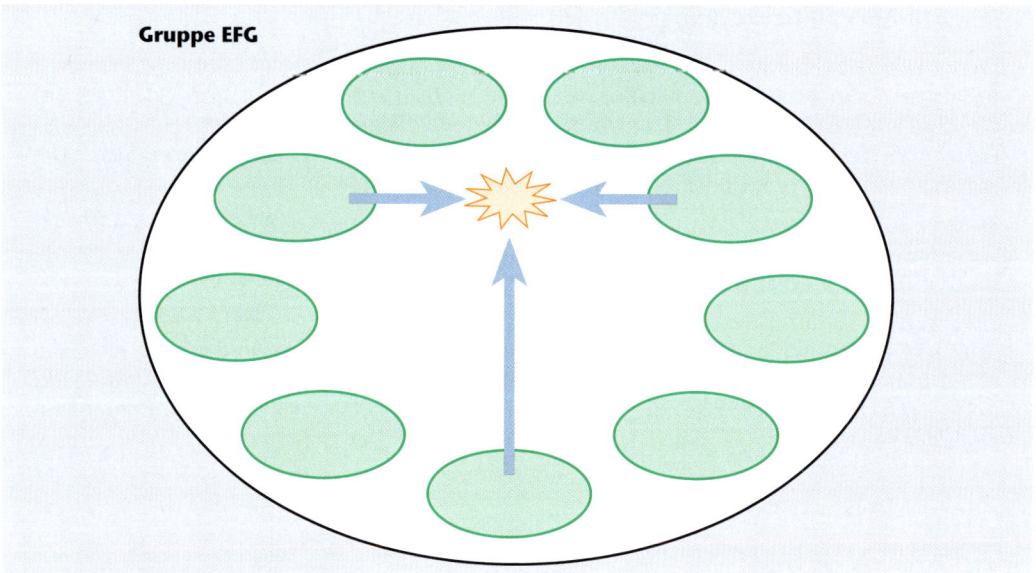

Der Kampf und die offene Auseinandersetzung

Der **Nachteil** dabei: Es ist sehr anstrengend und zeitraubend. Manch einer wird dabei verletzt werden und sich schmollend zurückziehen.

Der **Vorteil** aber für die Gruppe: Alle in der Gruppe erkennen, wer welche Ansichten vertritt. Das kann manchmal nach wochenlangen Mauscheleien und nach viel Geheimnistuerei erlösend und wohltuend für das Gruppenleben sein. („Ein Gewitter reinigt die Luft!") Die Offenheit tut allen gut, klärt die Fronten, auch wenn es Verletzungen geben mag, die den einen oder anderen schmerzen werden.

Der Kompromiss oder die Einigung auf einen gemeinsamen Nenner

Beim Kompromiss nähern sich die Gegner in der Gruppe mit relativ klaren Vorstellungen einander an. Sie bewegen sich in ihrer Zielsetzung auf die Vorstellungen des Gegners zu und überlegen, welche Aspekte ihrer Auffassung sie aufgeben können und welche nicht. Nach Anhörung der gegnerischen Auffassungen werden einander dann Übersichten über Aspekte vorgelegt, über die man sich einigen oder über die man sich nicht einigen kann. Das ist die Annäherung: Man hat mit dem Gegner eine Anzahl von Gemeinsamkeiten, die man vorher nicht hatte – zum anderen eine Anzahl von Aspekten, die man nicht preisgegeben hat, die man also von seiner ursprünglichen Position gerettet hat.

Der **Nachteil** des Kompromisses: Man hat etwas aufgegeben. Die Auffassung wird nicht ganz gerettet.

Der **Vorteil** des Kompromisses besteht eindeutig darin, dass man etwas gemeinsam geschafft hat, auch wenn man Aspekte der alten Auffassung aufgeben musste. Aber der Trost ist der, dass auch die Gegner Zugeständnisse machen mussten. Etwas gemeinsam geschafft zu haben, fördert den Zusammenhalt in der Gruppe.

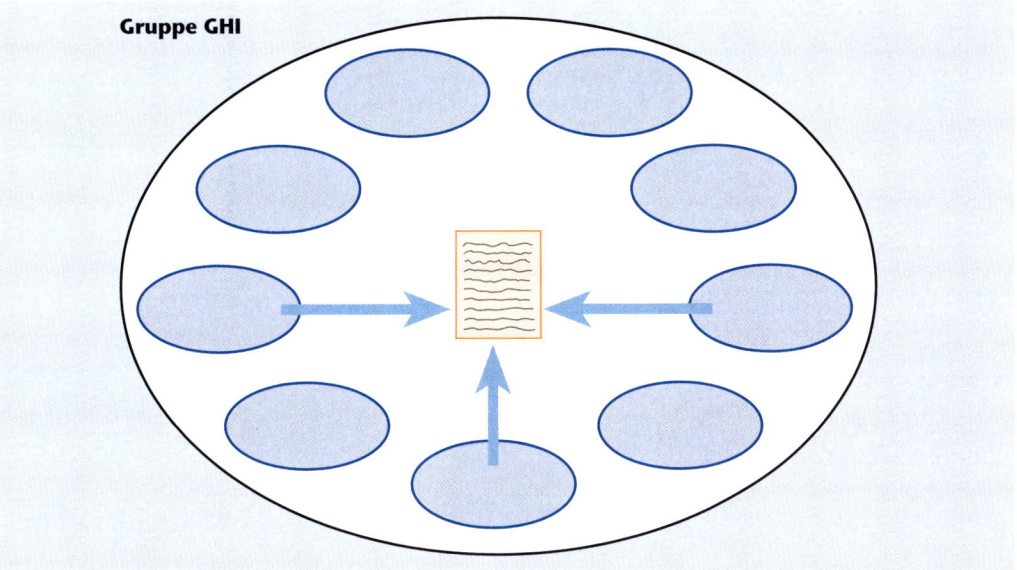

Der Kompromiss mit der Liste der Gemeinsamkeiten und der Differenzen

Die Integration

Unter Integration versteht man die intensive und vollständige Diskussion und ausführliche Beratung des Problems durch alle Mitglieder der Gruppe mit dem Ergebnis, dass eine Lösung erarbeitet wurde, die kreativ und völlig neu und unerwartet für alle Beteiligten ist. Sie berücksichtigt alle Interessen der Gruppenmitglieder und ist tragfähig für die gesamte Gruppe. Diese Lösung gilt in der Soziologie/Psychologie als die reifste aller Lösungen. Das Verfahren, dorthin zu gelangen erfordert die Zeit und die Kreativität der Gruppe. In der Regel wird sie erreicht, wenn ein Moderator von außen in die Gruppe kommt und nach einem bestimmten Verfahren vorgeht.

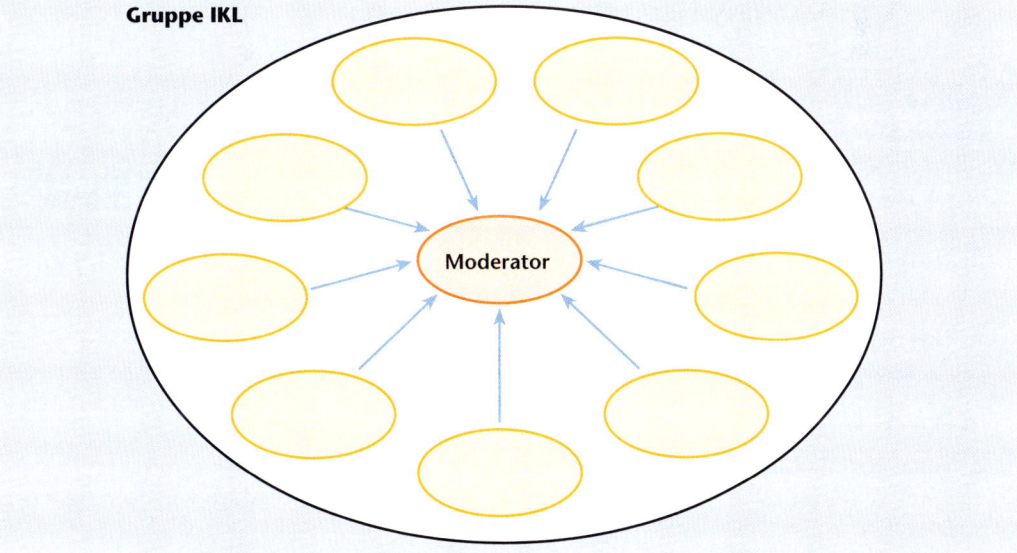

Die Integration des Konflikts mit einem externen Moderator

Der Moderator aber hat nicht die Aufgabe, die Lösung zu erarbeiten. Die Lösung entsteht ausschließlich in der Gruppendiskussion. Der Moderator steuert lediglich den Verlauf der Diskussion – er bewertet nicht die Vorschläge der Gruppenmitglieder im Hinblick darauf, ob sie für die Lösung des Problems angebracht sind. Er entscheidet nur, ob die Vorschläge in die Stufen des Diskussionsverfahrens passen. Er bewertet also nicht die Inhalte der Vorschläge, sondern nur deren Form.

Der **Vorteil** dieses Verfahrens liegt klar auf der Hand: Es gibt eine Lösung, mit der alle in der Gruppe einverstanden sein können, weil sie völlig neuartig ist, weil alle mitdiskutiert haben und an dem gemeinsamen Ergebnis hängen.

Der **Nachteil**: Das Verfahren ist mühevoll und zeitaufwändig. Es braucht einen externen Moderator – den man selbst auch beschaffen muss.

Marie *berichtet:*

Immer wenn wir ernsthaft versucht haben, in der Klasse einen Konflikt zu bereinigen und das auch geschafft hatten, war das Klima wesentlich besser.

7.4   Integration – die beste Form der Konfliktbearbeitung

Die erfahrenen Fachleute Lutz Schwäbisch und Martin Siems haben ein Verfahren entwickelt, wie man am besten mit einem Konflikt in einer Gruppe umgeht. Dieses Verfahren soll nun vorgestellt werden.

Es muss vorausgeschickt werden, dass es sehr wichtig ist, dass alle Gruppenmitglieder dieses Verfahren der Konfliktbearbeitung bzw. der Konfliktlösung wünschen. Das muss von Anfang an sichergestellt sein. Andernfalls braucht man gar nicht erst zu beginnen.

Das Verfahren wird nun in sechs Stufen vorgestellt. Der Moderator (oder Mediator) achtet darauf, dass die Regeln eingehalten werden.

1. **Eine Störung wird angemeldet.**
   Ein Gruppenmitglied (es können auch mehrere sein) formuliert, was es in der Gruppe als störend empfindet. Das Gruppenmitglied soll dabei seine Gefühle ausdrücken, aber **niemandem einen Vorwurf machen** oder ein „schlechtes Gewissen" verursachen.
2. **Verschiedene Meinungen zu dem vorgebrachten Punkt werden gesammelt.**
   Die übrigen Gruppenmitglieder äußern ihre Meinungen. Die **Meinungen** sollen **nebeneinander gestellt** werden. Es ist wichtig, dass diese Meinungen auch schriftlich festgehalten werden, damit sie für einen späteren Zeitpunkt des Gesprächs zur Verfügung stehen. Zum Beispiel können sie auf eine Papierrolle geschrieben werden, damit alle sie

lesen können. Die Meinungen werden nicht gewertet oder kommentiert! Darauf muss der Moderator unbedingt achten. Es soll nicht danach gehen: Meine Meinung ist aber wahrer als Deine!

3. **Die Hintergrundbedürfnisse werden herausgearbeitet**
   Alle Mitglieder erhalten nun die Möglichkeit, ihre Hintergrundbedürfnisse zu äußern. Es geht auf dieser Stufe nicht um Lösungen – diese sollten hier noch nicht ins Auge gefasst werden. Es geht nur darum, dass alle **Hintergrundbedürfnisse** von allen Gruppenmitgliedern **gehört und verstanden** werden.

4. **Die Wünsche werden formuliert**
   Alle beteiligten Gruppenmitglieder formulieren nun ihre Störungen als **Wünsche an die Gruppe**. Diese Wünsche müssen sehr **konkret** formuliert werden. Zu sagen, ich finde, Du solltest freundlicher zu mir sein, ist wenig konkret – und jeder versteht darunter etwas anderes. Besser wäre es, wenn man sagt: „Ich wünsche mir, dass ich von Dir unterstützt werde, wenn ich mich unsicher fühle!"

5. **Brainstorming zu möglichen Lösungen**
   Hier kommt es nun darauf an, dass alle Gruppenmitglieder mögliche **Lösungen formulieren**. Es ist auch hier gut, alles schriftlich festzuhalten, damit man bei Schritt 6 auch alle Aspekte berücksichtigen kann. Es geht hier auf dieser Stufe um realistische Lösungen – aber auch um sehr fantasievolle, die nicht unbedingt etwas mit der Realität zu tun haben müssen. Die Kreativität der Gruppe soll sich hier völlig austoben. Das ist die heiterste Phase des Verfahrens – und die Freude am „Herumspinnen" soll auch völlig ausgekostet werden.

8. **Eine Lösung formulieren, die alle zufriedenstellt**
   Hier nun werden alle versuchen, **an einer gemeinsamen Lösung zu arbeiten** und diese zu formulieren. Es ist gut, wenn auch hier die Wünsche aus Stufe 2 beachtet werden. Es kommt hier mehr darauf an, eine geniale Lösung zu finden, die völlig neu und unerwartet ist – insofern ist sie dann auch überraschend für alle Beteiligten und deswegen als Neuanfang geeignet. Alle haben sich nun ausgesprochen und am gemeinsamen Erfolg gearbeitet. Deswegen hat das Gemeinschaftswerk auch eine gute Chance, die Lösung des Konflikts zu werden, die alle zufriedenstellt.

(vgl. Schwäbisch/Siems, 1974, S. 152 f.)

Nun kann ein neues Leben in der Gruppe beginnen. Mit einer Konfliktlösung wird die Stimmung in der Regel sehr gut – und das Zusammenleben kann damit wieder sehr erfreulich werden.

Anregungen

A

1. *Bitten Sie einen Lehrer, einen bestehenden Klassenkonflikt auf diese Art und Weise zu regulieren – auch wenn es mehrere Schulstunden beanspruchen sollte. Der Lerneffekt ist nicht nur beachtlich – die Zufriedenheit in der Klasse ist danach auch enorm.*
2. *Schreiben Sie den Verlauf der Diskussionen mit, sodass Sie einen Überblick haben, was zu den einzelnen Stufen gesagt wurde.*
3. *Kontrollieren Sie auch, ob alle Wünsche auf Stufe 2 in die Konfliktregulierung auf Stufe 6 eingegangen sind.*
4. *Bewerten Sie das Verfahren nach Abschluss der Konfliktregulierung und diskutieren Sie es mit Ihrem Lehrer.*

7.5 Diskussion eines Konflikts aus dem Arbeitsalltag

Konflikte aus dem Arbeitsalltag sind sehr vielfältig und unterschiedlich. Es ist schwer, sie zu vergleichen, weil sie kompliziert und differenziert sind.

Hier ist ein Bericht von einer Szene aus dem Arbeitsalltag, in der ein offener Konflikt deutlich geschildert wird. Berichtet wird die Szene von einer neutralen Person, die sie zufällig beobachtet hat. (Die Aussagen der beteiligten Personen sind nachträglich aufgeschrieben worden.)

A

Anregungen (zum unten angegebenen Beispiel)

1. *Halten Sie die Aussagen der gegnerischen Parteien fest und stellen Sie diese (in Ihren eigenen Worten) einander gegenüber. Definieren Sie mit Hilfe dieser Hintergründe den Schwerpunkt des Konfliktes im Team. (Schema für die Gegenüberstellung der Auffassungen siehe **Lösungen 7.1** am Ende des Buches.)*
2. *Versuchen Sie, die möglichen Hintergrundbedürfnisse der beteiligten Konfliktpersonen zu beschreiben. Hierbei sind Sie möglicherweise auf Vermutungen angewiesen. In dem Beispiel wird aber relativ offen diskutiert, sodass es nicht so schwer sein dürfte, die Bedürfnisse der Beteiligten zu erkennen.*
3. *Diskutieren Sie anschließend die möglichen Lösungen des vorliegenden Konflikts. Erarbeiten Sie verschiedene Varianten von Lösungen.*
4. *Um die Angelegenheit lebendiger zu gestalten, spielen Sie diese Szene als Rollenspiel. Verpflichten Sie die Mitspieler/innen, die Auffassungen der geschilderten Personen spielerisch darzustellen. Wählen Sie für die Rolle der Leiterin eine starke und sprachlich gute Spielerin. Falls Sie weitere Annahmen in den Spielverlauf hineinnehmen wollen, formulieren Sie diese vorher deutlich, damit alle Spielerinnen gut informiert sind.*
5. *Diskutieren Sie danach, welche Lösung wahrscheinlich – und welche Lösungen unwahrscheinlich sein würden.*

Konfliktbeispiel aus der Praxis

*Die **Leitung** einer Einrichtung entspricht im Rahmen ihrer durchschnittlichen Fähigkeiten den Anforderungen, die an sie gestellt werden. Im Team selbst gibt es eine Mitarbeiterin, die weitaus größere Kompetenz aufweist. Das Team hat dies erkannt und fühlt sich berufen, Gerechtigkeit walten zu lassen und der scheinbar geeigneteren Kollegin zu der Funktion zu verhelfen:*

*„Irgendetwas stimmt seit Monaten hier nicht mehr," meint **Monika**, „du als Leiterin solltest das eigentlich wahrgenommen haben."*

*Betroffen reagiert **Conny**: „Ich als Leiterin bin doch nicht für alles verantwortlich. Wir machen doch alles wie immer. Solltet ihr Veränderungen wünschen, so sagt es mir. Ich bin für alles offen."*

„Sicher, stimmt! Schöner wäre es aber, die Impulse kämen von dir, schließlich bist du die Leitung."

„Da macht ihr es euch aber einfach und im Übrigen habe ich privat so viel am Kopf."

*„Uns hat es gefallen, als Simone eine Dienstbesprechung zum Thema Elternarbeit vorbereitet hat", weiß **Ulla** beizutragen, „so strukturiert und gut haben wir schon lange nicht mehr gearbeitet. Und dazu habe ich eine Menge gelernt. Nicht, dass ich dir dies nicht zutraue, aber sag mal ehrlich, hättest du dies gekonnt?"*

„Also ich glaube jetzt läuten die Glocken! Was willst du mir damit sagen? Jeder bringt hier seine Fähigkeiten ein und Simone hat dies bei diesem Beispiel getan!"

„Nun, so einfach kannst du es dir nicht machen, du bist schließlich die Leiterin. Von dir erwarten wir neue Impulse."

„Habe ich dich nicht gerade vor der Familie Meier beschützt, Monika oder Simone, habe ich nicht dafür gesorgt, dass du hier eine feste Anstellung bekommst, und nun wollt ihr mich als Leiterin abschießen? Als ob ich nicht merken würde, wie ihr mit dem Elternrat meine Fähigkeiten hinterfragt. Aber wenn ihr meine Hilfe benötigt, bin ich eure starke Conny und jetzt bin ich scheinbar über?"

„Sei doch nicht so emotional," beschwichtigt **Mariska**, *„aber Simone ist einfach besser geeignet für den Posten. Könnte man mit dir reden, so liefen viele Aktionen und Neuerungen nicht hinter deinem Rücken. Daran bist du selbst schuld. Wir wollen nur das Beste für die Kinder."*

(vgl. Kühne/Mahlmann/Wenzel, 2002, S. 68–69)

Anregung

*Finden Sie einen Konflikt aus Ihrem Praktikum. Schildern Sie ihn ausführlich und achten Sie vor allem auf die Aussagen der beteiligten Personen. Diskutieren Sie den Konflikt in einer Kleingruppe in der Art, wie wir es in den **Anregungen** (oben) geschildert haben.*

A

7.6 Konflikte unter Kindern

Die Art und Weise, wie Kinder ihre Konflikte mit Gleichaltrigen austragen und wie sie damit umgehen, unterscheidet sich ein wenig von der der Erwachsenen.

7.6.1 Die Einflüsse der Erziehenden

Es kommt hinzu, dass Konflikten bei Kindern, im Gegensatz zu den Erwachsenen-Konflikten, ein Erziehungsaspekt anhaftet. Das bedeutet in der Regel, dass neben den Konfliktparteien im Kindesalter jemand steht, der diese Auseinandersetzungen der Kinder pädagogisch anschaut und bewertet. Verläuft die Auseinandersetzung positiv, dann sagt der Außenstehende: Das habt Ihr gut gemacht. Läuft es weniger gut, können die Kinder von ihm vielleicht hören: Das geht aber nicht so – bitteschön!

Seinen Einfluss wird der Erziehende vergrößern wollen, indem er Verhaltensweisen unterbindet, andere aber auch fördert.

Dabei spielt es keine Rolle, ob die Kinder zu Hause bei den Eltern sind, in der Kita oder in der Schule: Ein Konflikt steht in diesen Fällen immer unter der Aufsicht eines Erziehenden.

Erziehende haben überdies ihr eigenes Verhältnis zum Konflikt oder selbst Probleme damit. So schreiben Dittrich, Dörfler und Schneider unter anderem, dass Berufspraktikantinnen in Bayern und in NRW die Gewalt unter Kindern als Problem für sich selbst ansehen (vgl. Dittrich/Dörfler/Schneider, 1997, S. 66 f.).

Erzieher**innen** betonen häufig, dass körperlich ausgetragene Konflikte unter Kindern für sie ein Problem darstellen – und zwar so sehr, dass sie sich scheuen, Konflikte mit Kindern offen und direkt anzusprechen (vgl. Dittrich/Dörfler/Schneider, 1997, S. 7). Leiterinnen seien noch am ehesten in der Lage, Konflikten etwas Positives abzugewinnen.

! **Die Art und Weise, wie Erziehende mit Kinderkonflikten umgehen, beeinflusst diese Konflikte. Wenn sie z. B. Angst vor den körperlich ausgetragenen Konflikten haben, reagieren sie abrupt, indem sie die Konflikte unterbinden oder sich von ihnen fernhalten. Sehen sie in den Konflikten der Kinder etwas Positives, nutzen sie die Diskussion über den Konflikt für Lernerfahrungen.**

Andererseits reagieren Erzieherinnen auch unterschiedlich auf verschiedene Charaktere unter den Kindern (vgl. Kühne/Mahlmann/Wenzel, 2002, S. 10):
- So tendieren sie dazu, bei aggressiven Kindern gewalttätige Konflikte zu unterbinden.
- Bei Kindern mit ausgeprägter sozialer Haltung tendieren sie dazu, Fragen zu stellen und das Verhalten zu kommentieren.

! **Damit werden sozial verantwortliche Kinder noch mehr gefördert. Aggressive Kinder aber werden in ihrem Verhalten eher noch bestärkt.**

Oder ist es so, wie zwei Erwachsenen-Meinungen häufig von sich geben:

Nach Auffassung vieler Erwachsener gilt dies für Jungen und Mädchen

A

Anregung
Diskutieren Sie in Kleingruppen, was Mädchen und Jungen nach Auffassung vieler Erwachsener heute dürfen. Beziehen Sie Ihre eigenen Vorstellungen in die Diskussion mit ein.

7.6.2 Der Kinderkonflikt

Für den Konflikt in einer Kindergruppe – z. B. in der Kita – gibt es folgende Anlässe:
1. Der Streit um ein Spielzeug bzw. um andere Gegenstände
2. Der Streit um Situationen – zum Beispiel um Angriffe auf ein Kind oder auf eine Kleingruppe
3. Streit um Äußerungen oder Behauptungen
4. Streit bei dem Versuch der Kontaktaufnahme
5. Streit um Konkurrenzverhalten bei Wettbewerben
6. Streit um den Platz bei einem Erwachsenen
7. Auseinandersetzung ohne feststellbaren Hintergrund

Das sind Anlässe, die für den Kinderalltag völlig normal sind. Das heißt: Die Anlässe kommen laufend vor und sind nicht zu vermeiden, selbst wenn man dies wollte.

Rainer Strätz behauptet, dass die überwiegende Anzahl der Kontakte von Kindern zwischen 3–5 Jahren in Kitas friedlich verlaufen. Lediglich 15 % der Kontakte seien unfreundlich oder unfriedlich (vgl. Strätz, 1992, S. 50).

Andererseits lässt sich auch behaupten, dass schon ein paar „unfriedliche" – aber hartnäckige – Kinder die Gruppenatmosphäre unangenehm gestalten können. Insofern ist die Behauptung von Strätz für eine pädagogische Mitarbeiterin in einem Kindergarten nicht unbedingt ein Trost.

Es ist durchaus nicht so, dass sozial kompetente Kinder den Streit vermeiden und sich lieber mit Worten auseinandersetzen. Vielmehr suchen Sie häufig den Konflikt. !

Kinder, die gerne angreifen, sind selbst häufig Ziel von Angriffen. !

Der offensichtliche Unterschied zwischen Kinder- und Erwachsenenkonflikten ist wohl der, dass Kinderkonflikte wesentlich kürzer sind als die von Erwachsenen und Jugendlichen. !

Es ist nicht eindeutig, dass die Konflikthäufigkeit mit steigendem Alter abnimmt. Man hätte sich vorstellen können, dass die sich verbessernde Sprachkompetenz mit steigendem Alter Konflikte vermeiden hilft. Doch es gibt keine eindeutigen Forschungsergebnisse dazu.

Soziales Verhalten in kleineren Gruppen ist häufiger als in größeren. Das wird von Pädagogen vermutet. Eindeutig ist es aber nicht nachweisbar. !

Konflikte häufen sich, wenn Kinder weniger Platz zum Spielen haben. Engt sich der Raum ein, nehmen die unwillkommenen Berührungspunkte zu – dann ist ein Streit schnell vom Zaun gebrochen. !

Bereits in Kapitel **7.6.1 Die Einflüsse der Erziehenden** wurde auf das unterschiedliche Verhalten der Geschlechter angespielt. Hier eine Aussage von Mechthild Dörfler und Tim Rohrmann dazu:

„Untersuchungen zum geschlechtsspezifischen Verhalten zeigen, dass **Mädchen** in Konfliktsituationen eher unterstützend, helfend und verständnisvoll reagieren und versuchen, Konflikte zu mildern. Dabei haben sie vor allem die Beziehungsebene im Blick. **Jungen** reagieren dagegen schneller, strenger und heftiger und wählen häufiger konfrontative Wege. Sie bringen eher ihre individuellen Forderungen und Rechte zum Ausdruck. ... Jungen nehmen weniger Rücksicht auf schwächere.

Erzieherinnen loben aber auch die Stärke und Durchsetzungsfähigkeit der Jungen und ihre klare und direkte Art. Von **Mädchen** berichten Erzieherinnen, dass sie ihre Konflikte meistens verbal lösen, dabei aber oft seelisch verletzend und herabsetzend sein können. Positive Beschreibungen für aggressives Verhalten von Mädchen finden sie kaum. Dafür fehlt nie das Wort ‚zickig‘ – meist mit einem abwertenden Unterton, gefolgt von petzen, hinterhältig oder nachtragend. Aggressives Verhalten von Mädchen wird oft als negativ bewertet, obwohl gleichzeitig kritisiert wird, dass sich die Mädchen zu wenig durchsetzen und oft kleiner machen als sie sind.“

(Dörfler/Rohrmann, 2000, S. 15 f.)

Nachfolgend wurden zwei Konfliktschilderungen von Dörfler und Rohrmann übernommen. Dazu gibt es eine Anregung zur Untersuchung.

A *Anregung*

1. *Untersuchen Sie die beiden folgenden Konfliktsituationen. Achten Sie besonders auf das Verhalten (a) von Mädchen und (b) von Jungen.*
2. *Diskutieren Sie die Unterschiede zwischen den beiden Geschlechtern auf dem Hintergrund Ihrer eigenen Erfahrungen in Praktika.*

Beispiel 1

„Lisa (6) hat mit zwei Freundinnen einen Berg aus Sand seitlich der Rutschburg aufgeschüttet. Vom Turm aus begutachtet sie stolz ihren Berg. Da entdeckt sie Carmela (6) und Tatjana (5), die geradewegs auf ihren Berg zulaufen. Carmela stellt – allerdings vorsichtig – ihren Fuß auf den Berg.

„Hey, die machen unseren Berg kaputt“, ruft Lisa empört und klettert schnell herunter. Es kommt zum Konflikt. Im weiteren Verlauf geht Lisa fort, um sich bei der Erzieherin zu beschweren. Sie kehrt mit den Worten „Ich hab’s gesagt: Ihr sollt aufhören“ an den Schauplatz des Geschehens zurück. Carmela, die zwischenzeitlich auf den Turm geklettert ist, ruft daraufhin von oben:

„Lisa, wenn ich jetzt mitmachen darf, dann mach’ ich das auch net.“

Und natürlich erlaubt Lisa ihr mitzuspielen.

Carmela bringt sofort eine neue Idee ins Spiel. Inspiriert von den Zweigen eines Baumes, die den Turm überragen, schlägt sie mir euphorischer Stimme vor:

„Genau! Ich geb’ euch Liebesblätter!“

Ein verführerisches Angebot, von dem sich alle anstecken lassen. Beide Mädchen kooperieren später im Spiel gut miteinander und haben sehr aktive Rollen. Auch die anderen Mädchen erkennen Carmela als Spielpartnerin an und sind mit Freude dabei, ‚Liebesblätter‘ auf dem Berg zu verteilen und ‚Liebeskugeln‘ in ihn hineinzudrücken. Carmelas Idee schmückt geradezu das Werk von Lisa.“

(Dörfler/Rohrmann, 2000, S. 16)

Beispiel 2

„Zwei Jungengruppen bauen jeweils zu dritt nebeneinander im Sandbereich. Jan-Marius (5) und Joschka (6) sind die Spielführer. Sie baggern und schaffen mit großen Lkws Sand herbei, den jede Gruppe zu einem Sandberg aufschüttet. In einem unterscheiden sich die Berge jedoch: Der Berg von Joschka ist sehr dunkel, der andere ist hell. Das liegt daran, dass Joschka seinen Sand unter der Rutschburg ausgräbt. Jan-Marius möchte auch den ‚guten braunen Sand‘. Als er jedoch eine Fuhre holt, schimpft Joschka:

„Hey, das ist unser Sand!“

Es kommt zum Konflikt. Joschka revanchiert sich und holt ‚seinen Sand' zurück. Etwas später droht er mit einem Plastikrohr, das er zufällig neben sich entdeckt, und ruft zu Jan-Marius: „Hände hoch oder ich schieße!"

Auf den symbolischen Angriff erfolgt die halb symbolische, halb ernste Verteidigung. Scheingefechte und Verfolgungsjagden bis ins feindliche Revier hinein wechseln einander ab. Ein Junge verletzt sich leicht und rennt zur Erzieherin. Die anderen hören bald danach auf. Es kommt zu einen unausgesprochenen Waffenstillstand und einem Unentschieden. Daraufhin setzen beide Gruppen ihre Bauarbeiten fort.

Wenig später flackert der Konflikt erneut auf, ausgelöst durch Joschkas an die Nachbargruppe gerichteten Aufruf:

„Unser Berg ist größer!"

Jan-Marius nimmt die Herausforderung an. Er schnappt sich ein Rohr, füllt es mit Sand und dringt gefährlich nah ins gegnerische Feld. Seine Spielfreunde folgen ihm. Einen Augenblick lang beobachtet Joschka mit angespannter Geste, wie alle in der Nähe seines Berges stehen. Dann kommt die überraschende Wende. Joschka bietet an:

„Ihr dürft mitspielen, wenn ihr wollt!"

Nach seinen Anweisungen wird ein großer Berg gebaut, den die Jungen anschließend gemeinsam bewundern. Schließlich meint Joschka:

„Er wird bis in den Himmel. Und dann bauen wir 'ne echte Treppe, mit Beton drauf. Und dann gehen wir den Berg da hoch bis in' Himmel und kucken."

Alle Jungen schauen in den Himmel hinauf und freuen sich."   (Dörfler/Rohrmann, 2000, S. 16)

Siehe auch unter **Lösungen 7.2** am Ende des Buches.

7.6.3 Konfliktbearbeitung bei Kindern

Wie bereits erwähnt, tritt kindliches Konfliktverhalten immer im Zusammenhang mit pädagogisch-psychologischen Überlegungen auf. Im Zusammenhang mit der Bearbeitung von Konflikten geht es vorwiegend um folgende Gesichtspunkte:

(1)	(2)	(3)	(4)	(5)
Abbau von Aggressionen bei Konflikten	Aufbau von Konfliktkompetenz (Streitkultur)	Aufbau von Solidarität gegenüber Gewalt-Aktionen (Formen der Abwehr aggressiven Verhaltens)	Aufbau von Verhalten zur Kooperation (Sprachkompetenz, Einfühlung, Selbstwertgefühl)	Abbau von Vorurteilen gegenüber gemobbten Kindern

(1) Abbau von Aggressionen

Der Abbau aggressiver Verhaltensweisen in einer Gruppe ist ein riesiger Fortschritt bei der Bearbeitung von Konflikten. Aus Konflikten, die man mit Worten bearbeiten kann, lässt sich viel lernen. (Siehe dazu Kapitel **2.3.2.3 Das Aggressionsmotiv**.)

(2) Aufbau von Konfliktkompetenz – Aufbau einer Streitkultur

Wie viele andere müssen Kinder auch das sozial orientierte Streiten lernen. Streit kann man kultivieren, indem in der Gruppe Regeln festgelegt werden, die im Streit Anwendung finden. Günstig ist es, die Regeln aus dem Umgang miteinander – z. B. als Projekt – zu entwickeln. Regeln werden festgeschrieben, bis sie wieder geändert werden – die Regeln werden sichtbar für alle, vor allem für das Erziehungspersonal, auf einem Plakat festgehalten – und nach und nach fortgeschrieben.

Es gibt Kindergärten, die zwei Kinder, die einen Konflikt miteinander austragen und das unbedingt körperlich tun wollen, auffordern, einen **Ringkampf** zu machen. Doch es müssen faire Regeln beachtet werden — alle anderen Kinder stehen darum herum und passen auf, dass der Kampf fair abläuft. (In einem fairen Kampf wird z. B. nicht gehauen, schon gar nicht ins Gesicht!)

Da Jungen häufig körperliche Auseinandersetzungen haben wollen – und diese auch brauchen, empfiehlt es sich, mit Sportvereinen zusammenzuarbeiten, mit deren Unterstützung ein sportlicher Wettkampf regelmäßig geübt wird – und zwar für Kinder, die das möchten (natürlich müssen die Eltern um Mitarbeit gebeten werden). Mädchen, die daran Interesse haben, sollten keineswegs ausgeschlossen werden. Sportliche Kampfspiele haben viele Vorteile – u. a. auch, dass Regeln gelernt und beachtet werden müssen.

Es gibt auch Kindergärten oder Horte, die ein **Streitschlichter**-Programm aufbauen. Hier wird ein älteres Kind zum Streitschlichter ausgebildet, der nach festen Regeln Streitereien zwischen den Kindern reguliert:

1. Die beiden Streithähne sitzen sich einander gegenüber. Sie werden vom Streitschlichter begrüßt. Regeln: Es wird nicht gehauen, geschubst getreten usw. Es werden keine Schimpfwörter benutzt. Was gesprochen wird, bleibt im Raum. Es redet immer nur einer. Jeder darf reden. Jeder hört zu.
2. Jeder der beiden schildert, was passiert ist. Der Streitschlichter wiederholt es mit Worten. Die Streithähne werden gefragt, ob das so stimmt.
3. Danach geht es darum, warum es passiert ist. Der Streitschlichter wiederholt es erneut mit eigenen Worten und fragt, ob das so richtig ist.
4. Es wird gefragt, was nun gemacht werden kann. Die Streithähne bringen ihre Ideen vor. Auch Streitschlichter können Ideen einbringen. Wenn eine Lösung gefunden ist, wird gefragt, ob alle einverstanden sind.
5. Die Vereinbarung wird unter allen getroffen (bei älteren Kindern kann es schriftlich festgehalten werden).

(3) Aufbau von Solidarität gegenüber Gewalt-Aktionen

Kinder, die körperlich schwächer sind, können sich nicht wehren, wenn sie von Stärkeren bedrängt und geärgert werden. In solchen Fällen empfiehlt es sich, Kinder zu ermuntern, sich zusammenzutun, um sich gemeinsam gegen stärkere Kinder zu wehren, die Gewalt gegen Schwächere ausüben. Bringen Sie schwächeren Kindern bei: Wie lerne ich, mich gegen Stärkere zu wehren?!

(4) Aufbau von Kooperationsverhalten

Kooperationsverhalten besteht daraus, sich in Worten ausdrücken zu können, Angebote machen zu können und das Selbstwertgefühl der Kinder zu stärken. Kooperationsverhalten in Konflikten muss ebenfalls erlernt werden. Kinder müssen darin verstärkt werden, wenn sie Konflikte sozial lösen. (Siehe dazu Kapitel **5.2 Lernen am Erfolg – oder: Verstärkungslernen**.)

(5) Abbau von Vorurteilen

Es gibt nahezu in jeder Gruppe Kinder, die wegen ihres Aussehens oder ihrer Herkunft gemobbt werden. Es ist wichtig, dass sich das Erziehungspersonal dessen bewusst ist. Denn nach Untersuchungen verhalten sich Erziehende häufig wenig verständnisvoll. Sie entwickeln keine Einfühlung in die Rolle des Opfers. Um so wichtiger ist es, dass Sie das tun! Diese gemobbten Kinder brauchen Ihre Solidarität (siehe dazu auch **(3) Aufbau von Solidarität**).

7.7 Zum guten Schluss

Wenn Sie dieses Kapitel bearbeitet haben, sollten Sie wissen bzw. erläutern können:
✔ Was ist ein Konflikt und wie entsteht er grundsätzlich?
✔ Welche Konfliktarten gibt es?
✔ Welche Varianten des Umgangs mit einem Konflikt gibt es bei Menschen?
✔ Wie sieht die beste Möglichkeit aus, einen Konflikt zu bearbeiten?
✔ Wie unterscheiden sich Kinderkonflikte von denen Erwachsener?
✔ Wie könnte das Erziehungspersonal mit Kinderkonflikten umgehen?

8 Planen und Reflektieren

Kurze Vorschau
Im letzten Kapitel werden wir uns mit dem „ersten Eindruck" beschäftigen und was man davon zu halten hat. Danach geht es uns darum, wie wir über unser Verhalten nachdenken können. Abschließend diskutieren wir noch einmal, was man bei der Planung von Gesprächen beachten sollte.

8.1 Der sagenhafte „erste Eindruck"

Marie *weiß noch:*

Als sie sich um eine Stelle für ihr erstes Praktikum bewerben wollte, hatte sie einen fürchterlichen Krach mit ihrer Mutter. Ihre Mutter wollte sie nicht so gehen lassen. „So gehst Du mir nicht aus dem Haus", schrie sie.

Schließlich konnte Marie ihre Mutter besänftigen, als sie sich eine andere Bluse und andere Schuhe anzog.

Erwachsene sehen derlei Fragen manchmal anders als Jugendliche. Aber die meisten Mitarbeiter in Einrichtungen sind auch erwachsen und denken sich möglicherweise „Wie lässt die ihre Tochter ins Praktikum marschieren? So etwas gäbe es bei mir nicht!"

Dem ersten Eindruck werden Wunderdinge zugeschrieben. Der erste Eindruck soll bei Liebenden und bei Begegnungen beruflicher Art der entscheidende sein. Was soll der erste Eindruck noch alles richten?

Nüchtern betrachtet und wissenschaftlich überprüft bleibt nicht mehr viel übrig von den Auswirkungen des ersten Eindrucks.

Nachdenkliche und kontrollierte Menschen aber überlassen es auch nicht dem Zufall, wie sie auf andere Menschen wirken – zumal dann, wenn es um ernste Angelegenheiten geht. Sie überlegen vorher, wie sie sich z. B. bei einem Vorstellungsgespräch verhalten, was sie antworten und was sie anziehen.

! **Praktikantinnen, die Wert darauf legen, eine Stelle antreten zu dürfen, die ihnen am Herzen liegt, überlegen sich vorher, wie sie sich verhalten und was sie antworten, wenn sie gefragt werden. Sie kleiden sich nicht, als gingen sie in die Oper – aber auch nicht, als gingen sie zum Fußballspiel. Sie ziehen sich sorgfältig an!**

Auch wenn Sie selbst niemals auf die Idee kämen, sich zu fragen, warum sie gerade auf diese Stelle gekommen sind, bei der Sie sich beworben haben – andere kommen allerdings auf die Idee. Und dann wäre es gut, wenn Sie eine schlüssige Antwort parat hätten.

Es ist also von Vorteil, wenn Sie schon darüber nachgedacht haben, warum Sie eine bestimmte Praktikantenstelle gewählt haben. Noch besser wäre es, wenn Sie schon einmal mit Mitschülerinnen darüber diskutiert haben. Glauben Sie es! Man bemerkt es im Gespräch, wenn Sie schon einmal darüber reflektiert haben. Das sollten Sie nun einmal probieren:

Anregungen **A**

1. *Nehmen Sie sich die unten angegebenen Fragen und Anmerkungen vor und überlegen Sie, wie das auf Sie zutrifft.*
2. *Schreiben Sie sich ihre Antworten alle auf – mehrere Sätze sollten es aber sein.*
3. *Diskutieren Sie mit einem vertrauten Menschen oder mit einer Mitschülerin darüber – unterrichten Sie die Klasse über Ihre Diskussion zu zweit.*
4. *Überlegen Sie abschließend, was Sie nun nach der Diskussion anders machen würden.*

Und nun zu den Fragen:

(1) Warum habe ich mich gerade bei dieser Einrichtung beworben? (Gehen Sie von einem bestimmten Praktikum aus.) Welche Aspekte habe ich für wichtig gehalten?
(2) Wie bin ich vorgegangen? Habe ich angerufen, geschrieben oder war ich zu einem Vorgespräch dort?
(3) Wie war ich gekleidet oder zurechtgemacht? Habe ich mir vorher überlegt, wie ich mich kleide oder schminke? Oder hat das keine Rolle gespielt? Wenn ja – warum?
(4) Wenn ich beim ersten Besuch Klienten oder Kinder und Jugendliche gesehen oder getroffen habe: Wie habe ich reagiert und was habe ich zu ihnen gesagt?
(5) Wie habe ich beim Empfang in der Einrichtung durch das Personal reagiert? Habe ich bemerkt, ob das Personal freundlich, in Eile oder abweisend war? Was habe ich (jeweils) daraus gemacht?
(6) Welchen Eindruck hatte ich, als ich wieder draußen vor der Einrichtung stand?

Wenn Sie nun darüber in Paaren oder in Kleingruppen diskutieren, können Sie sich an folgende Gesichtspunkte halten:

- Gibt es ausbildungsnahe oder ausbildungsferne Aspekte meiner Wahl?
- Gibt es eine besonders gute oder anzuratende Form der Bewerbung?
- Kann man sich mit dem „Outfit" die Chancen verbessern oder verderben?
- Erkennt das Personal der Einrichtung an der Art meiner Reaktionen, wie ich mit den Klienten oder Kindern und Jugendlichen umgehen werde?
- Woran kann ich erkennen, ob ich gut oder weniger gut an die Bewerbung herangegangen bin?

Anregung **A**

Nun – nachdem Sie die Diskussion abgeschlossen haben – fragen Sie sich bitte, ob Sie sich als Praktikantin einstellen würden, wenn Sie darüber zu entscheiden hätten. Setzen Sie sich auch mit den Mitschülerinnen darüber auseinander. Kommen Sie auch darauf zu sprechen, welche Vorzüge Sie haben.

! **Es lohnt meistens, sich vor einem Vorstellungsgespräch von jemandem beraten zu lassen, der sich auskennt. Er kann in der Regel wichtige Hinweise geben, was man beachten und was man vermeiden sollte.**

8.2   Das Nachdenken über mein Verhalten – die Handlungsweise

Im Rahmen der Entwicklung der Kollegschule in NRW wurde ein Verfahren zu Reflexion des eigenen Verhaltens entwickelt. An einigen Schulen wird die eigene „Handlungsweise" noch heute aufgeschrieben und reflektiert. Das Verfahren geht auf Prof. Andreas Gruschka zurück, der heute an der Universität Frankfurt Pädagogik lehrt.

Was ist eine Handlungsweise?

!   **Die Handlungsweise ist zunächst einmal das Verhalten eines Betroffenen. Zum anderen ist es die Bezeichnung für ein Verfahren, Handlungen in einer Situation aufzuschreiben, damit man darüber sprechen oder reflektieren kann. Es kann auch vom Betroffenen aufgeschrieben werden, was die Regel ist. Es enthält möglichst alle Details einer Handlung von etwa ein paar Minuten. Man schreibt auf: Was ist geschehen? Was ist gesagt worden? Was ist geantwortet worden? So ergibt die Notiz die Darstellung der Handlung, wie sie verlaufen ist. Es sollte nicht mehr als 1–2 Seiten aufgeschrieben werden.**

Beispiele für Handlungsweisen:

Handlungsweise 1 (Kinderpflegerin A)

Ich unterhielt mich mit einigen Kindern, als Isabelle (4,6) auf mich zukam: „Hilfst Du mir mal die Hose aufmachen? Ich muss Pipi." Ich fragte sie, ob sie einen Augenblick warten könne. Sie nickte. Einen Augenblick später tippte sie mich an und meinte trocken: „Jetzt habe ich mir gerade in die Hose gepinkelt!" Dann fing sie an zu weinen, weil die Hose nass war und ihre Mama bestimmt schimpfen würde.
Ich nahm sie also erst einmal in den Arm, bis sie zu weinen aufhörte, sagte ihr, das könne jedem passieren und Hosen könne man schließlich waschen.
Ich wusste, dass in irgendeinem Schrank Ersatzkleidung war, aber nicht in welchem. Hätte ich eine Erzieherin danach gefragt, wäre Isabelle wahrscheinlich dem Spott der Anderen ausgesetzt gewesen, da beide Erzieherinnen gerade mit anderen Kindern zu tun hatten, sodass diese es garantiert mitbekommen hätten.
Ich machte mich also auf eigene Faust auf die Suche und hatte Glück. Ich suchte einigermaßen passende Kleidung und nahm Isabelle auf ihren Wunsch hin mit auf die Erzieherinnentoilette. Sie meinte, die anderen Kinder würden sie sonst bestimmt auslachen.
Dann half ich ihr beim Umziehen und gab ihr eine Plastiktüte für die nasse Kleidung. Ich sagte ihr, sie soll die Sachen an ihren Haken hängen und wieder in die Gruppe spielen gehen.

Wichtige Aspekte der Reflexion könnten bei diesem Beispiel sein:
- Wie klug hat die Praktikantin gehandelt, nachdem sie ja auch ein wenig Schuld hatte, dass das Kind in die Hose gemacht hatte?
- Wie hat sie sich in die Situation des Kindes eingefühlt?
- Wie hat sie das Verhalten ihrer Kolleginnen vorausgesehen – und wie hat sie sich darauf vorbereitet?
- Ist das Verhalten der Praktikantin empfehlenswert?

 Anregung

1. Diskutieren Sie die gerade gestellten Fragen, die sich auf die obige Handlungsweise beziehen.
2. Diskutieren Sie mögliche Alternativen zur Handlungsweise von Jutta Treutler.

Nun kann jeder Lehrer zu jeder Handlungsweise mit Leichtigkeit Fragen formulieren, mit deren Hilfe man die Handlungsweisen reflektieren kann. Damit man aber nicht für jede Handlungsweise Fragen erst formulieren muss, haben die Lehrer des Hans-Böckler-Berufskollegs in Marl, Westfalen einen Fragenkatalog entwickelt, mit dessen Hilfe jede Handlungsweise reflektiert werden kann:

Gesichtspunkte der Reflexion einer Handlungsweise

1. Warum ist Ihnen gerade dieses Handeln aufgefallen (Wahrnehmung)?
2. Wie bewerten Sie das Wahrgenommene (Bewertung)? Welche Bedeutung messen Sie Ihrer Wahrnehmung bei? Finden Sie das Handeln des Kindes angemessen/nicht angemessen? Welche Bedeutung hat für Sie die Beziehung zum Adressaten? Stimmt das Wahrgenommene mit den eigenen Wertvorstellungen überein/nicht überein?
3. Was könnte das Kind/den Jugendlichen veranlasst haben, so zu handeln (Handlungsplanung)? Sehen Sie Zusammenhänge zu seiner bisherigen Situation? Haben Sie schon einmal ähnliche Erfahrungen gemacht? Können Sie theoretische Hintergründe für das Handeln heranziehen?
4. Begründen Sie Ihre Reaktion auf das Verhalten des Adressaten (Handlung)? Erläutern Sie z. B. Absichten und Ziele.
5. Was hat Ihre Reaktion erbracht? Welchen Effekt hatte es auf den Adressaten (Effekte meines Handelns)?
6. Würden Sie in einer vergleichbaren Situation zukünftig wieder ähnlich oder anders handeln? Versuchen Sie eine Begründung.
7. Können Sie darlegen, was in Ihrem Handeln als typisch für Sie gelten könnte (Orientierungsmuster)? Wäre längerfristig eine Intensivierung oder Differenzierung bzw. eine Veränderung dieses Ihres Verhaltensmusters sinnvoll und denkbar? (vgl. Kühne, 2005, S. 119 ff.)

Damit Sie Gelegenheit zum Üben bekommen, können Sie in der beschriebenen Weise zwei weitere Handlungsweisen reflektieren. Für die anschließende Reflexion müssen Sie sich allerdings vorstellen, Sie hätten die Handlungsweise selbst geschrieben – oder Sie versuchen, für Erzieherin B oder Kinderpflegerin C zu antworten:

Handlungsweise 2 (Erzieherin B)

Dies ist die Schilderung einer Handlungsweise, in der ich mich von einem Kind in meiner Gruppe abgrenze, ihr eine Beschäftigung biete, durch die sie auch mal mit anderen Kindern in Kontakt kommen soll.

Es geht um Jasmin, ein dreijähriges Mädchen, das sehr quirlig ist und schlecht still sitzen bleiben kann. Sie ist erst drei Monate im Kindergarten und spielt oft mit Phillip, der ein Jahr älter ist.

An diesem Tag ist Phillip nicht da und Jasmin weiß nicht, was sie machen soll. Deshalb sitzt sie die ganze Zeit nur bei mir am Tisch, auf meinem Schoß.

Eine Zeit lang gefällt mir das ganz gut, doch dann denke ich, sie müsste mal etwas tun, um selbstständiger zu werden. Denn immer wenn Phillip nicht da ist, ist sie so desinteressiert.

Ich frage sie, ob wir nicht ein Spiel spielen wollen. Und schon flitzt sie los und holt ein Puzzle. Mit dem Spielen will ich ihr zeigen, dass man auch ohne Phillip Spaß am Spielen haben kann. Ich bemerke, wie Maxi, im selben Alter, sehr interessiert zuschaut, wie Jasmin das Puzzle ausschüttet.

Maxi stellt sich neben mich. Ich frage ihn, ob er für mich mit Jasmin puzzeln möchte und er nickt mit einem strahlenden Lächeln.

Jasmin ist sichtlich begeistert und puzzelt nun mit Maxi. Ich bleibe noch ein wenig stehen, gehe dann aber wieder zurück um das Auseinanderzupfen von Zeitungen für meinen „Zeitungsbrei" fortzusetzen.
Als Jasmin und Maxi keine Lust mehr am Puzzeln haben, gehen sie in die Puppenecke und spielen dort miteinander. Hinterher kommen noch zwei andere Kinder hinzu, die auch mitspielen.

Handlungsweise 3 (Kinderpflegerin C)

Sebastian (8 Jahre) ist neu auf der Station und isst mittags zum ersten Mal mit allen Kindern zusammen im Essenssaal. Alle Kinder essen gesittet. Sebastian allerdings steckt sich ein viel zu großes Stück Fleisch in den Mund und kaut mit offenem Mund, obwohl wir ihm mehrere Male gesagt haben, er solle es schneiden.
Als er das Fleisch aufgegessen hat, rülpst er laut, sodass einem anderen Jungen am Tisch schlecht wird.
Nun stehe ich vor dem Problem: Werfe ich ihn bei der ersten gemeinsamen Mahlzeit direkt raus oder gebe ich ihm eine Chance und versuche es noch einmal mit Erklärungen?
Ich versuche es mit Erklärungen; der Rest des Essens verläuft ruhiger.

Anregung

1. *Schreiben Sie Handlungsweisen von Situationen, die Ihnen selbst ausgefallen sind. Entweder es ist Ihnen eine Handlungsweise sehr schwer gefallen oder aber sehr gut gelungen. Denn an gut gelungenen Handlungsweisen kann man besonders gut lernen.*
2. *Diskutieren Sie die von Ihnen verfassten Handlungsweisen und bearbeiten Sie sie so, wie es gerade gemacht wurde.*

Handlungsweisen muss man nicht unbedingt aus Erziehungssituationen entwickeln. Man kann jede andere Situation, in der man handelt, aufschreiben und anschließend reflektieren.

Unter Umständen müssen dann die Aspekte der Reflexion umformuliert werden.

8.3   Gespräche planen und reflektieren

Nachdem in Kapitel **3.2.3 Die Gestaltung des Gesprächs und der Kommunikation** die positiven Möglichkeiten der Gestaltung eines Gesprächs dargelegt wurden, soll hier noch einmal hervorgehoben werden, welche Fehler man machen kann.

Anders als in Kapitel 3.2.3 also soll nun gezielt betrachtet werden, was man bei der Planung von Gesprächen vermeiden sollte.

Sie stellen sich vor, Sie sitzen mit einer Person – einer Kollegin, einer Patientin oder mit Eltern – in einem Zimmer, um ein Gespräch zu führen. Es soll auch davon ausgegangen werden, dass Sie der aktivere Teil sind, sonst hätten Sie keine Möglichkeit, den Gesprächsverlauf zu gestalten (vgl. Kühne/Mahlmann/Wenzel, 2002, S. 84–86):

Anlass für das Gespräch:
Andrea macht regelmäßig in der Woche zwei Mal in die Hose. Die Mutter ist gekommen, um mit jemandem in der Einrichtung darüber zu sprechen, wie man am besten damit umgehen und wie man die Situation des Kindes verbessern könnte.

Fehler 1: Lösungen liefern, Ratschläge erteilen

Vor Ihnen sitzt die Mutter eines Kindes, das Sie in der Gruppe haben. Sie sagen zu ihr: „Ihre Kleine sollte morgens wärmer angezogen werden. Außerdem sollten Sie häufiger kontrollieren, ob ihre Hose trocken ist."

Wenn Sie Ratschläge liefern, signalisieren Sie im Prinzip Desinteresse und Überheblichkeit.

Bessere Alternative: „Lassen Sie uns überlegen, wie wir mit dem Problem umgehen."

Fehler 2: Herunterspielen, bagatellisieren, beruhigen

Sie sagen der Mutter: „Machen Sie sich keine Gedanken, wir kriegen alles in den Griff."

Bei dieser Antwort fühlt sich die Mutter nicht ernst genommen in ihrer Sorge um das Kind. Sie erhält damit vielleicht nicht die Möglichkeit, die Hintergründe für das Verhalten ihres Kindes zu erläutern.

Bessere Alternative: „Sie machen sich Sorgen um ihr Kind. Wir bieten Ihnen an, über die verschiedenen Möglichkeiten zu sprechen, die wir sehen. Wäre Ihnen damit geholfen?

Fehler 3: Ausfragen und dirigieren

Sie sagen zu der Mutter: „Was machen Sie denn vor dem Schlafengehen? Geben Sie ihr etwa noch was zu trinken? Isst Andrea warm oder kalt? Muss sie alles aufessen, was auf den Tisch kommt?"

Durch gezieltes Ausfragen wird eine Atmosphäre geschaffen, die jegliches Vertrauen der Mutter im Keim erstickt. Die Mutter fühlt sich beaufsichtigt und dirigiert.

Bessere Alternative: „Lassen Sie uns den Tagesablauf des Kindes gemeinsam durchgehen. Wir wollen mal sehen, ob wir irgendetwas entdecken können, was das Kind so in Aufregung versetzt, dass es einnässt."

Fehler 4: Interpretieren, Ursachen aufzeigen

Sie sagen: „Andrea ist ein übersensibles Kind! Sie ist oft so aufgeregt, dass sie sich im Spiel ganz vergisst. Und schon ist es passiert."

Dabei fühlt sich die Mutter bevormundet. Vielleicht hat sie ganz andere Vorstellungen, was ihr Kind quält.

Bessere Alternative: (Hier könnten Sie die Alternative zu Fehler 3 wählen.)

Fehler 5: Vorwürfe machen, moralisieren, urteilen, bewerten

Sie sagen: „Es ist doch kein Wunder, dass sie in die Hose macht. Sie kennt keinen regelmäßigen Tagesablauf und ist völlig verwirrt."

Solche Vorwürfe sind völlig indiskutabel. Sie zeugen von wenig Gesprächskultur und machen die Mutter sofort zu Ihrer Gegnerin.

Bessere Alternative: Sie können die Stärken des Kindes im Gruppenleben hervorheben. Z. B.: Andrea war schon immer ein wissbegieriges Kind, das anderen Kindern gerne geholfen hat."

Fehler 6: Befehlen, drohen, warnen

Sie sagen: „Wir haben immer viel Geduld, aber mit Andrea haben wir die Nase voll. Wenn sich nichts ändert, werden Sie schon sehen, was wir unternehmen können!"

Das ist ebenfalls eine indiskutable Vorgehensweise. Eine solche Mutter werden Sie mit großer Wahrscheinlichkeit immer zu Ihrer Feindin haben. Wer so etwas in einem Gespräch sagt, sollte sich überlegen, ob er noch den richtigen Beruf hat.

Anregungen

1. *Beschreiben Sie solche einfachen Problemsituationen aus Ihrem Praktikum. Spielen Sie das Problem als Rollenspiel – mit verteilten Rollen.*
2. *Diskutieren Sie anschließend, was in dem Gespräch günstig oder weniger gut gelaufen ist.*
3. *Spielen Sie die Situation noch einmal und versuchen Sie eine verbesserte Version des Gesprächs.*

8.4 Zum guten Schluss

Wenn Sie dieses Kapitel erfolgreich bearbeitet haben,
- ✔ wissen Sie, wie man zum „ersten Eindruck" steht
- ✔ wissen Sie, was man beachten sollte, wenn man sich auf ein Gespräch in einer Praktikantenstelle vorbereitet, in der man gerne ein Praktikum machen möchte
- ✔ wissen Sie, wie man sein eigenes Verhalten reflektiert
- ✔ können Sie sich schon ansatzweise selbstkritisch beobachten und bewerten
- ✔ wissen Sie, welche Fehler man bei einem Gespräch machen kann
- ✔ wissen Sie, wie man die Fehler in einem Gespräch vermeiden kann.

9   Lösungen und Erklärungen

Lösung 1.1

An einer Hand werden wir dieses Wasser als warm, an der anderen als kalt empfinden.

Lösung 1.2

Der Film ist die Aneinanderreihung einzelner Bilder. Unsere Wahrnehmung macht fließende Bewegungen daraus.

Lösung 1.3

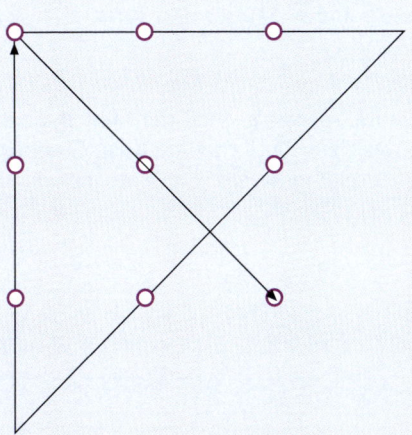

Normalerweise haben die meisten Menschen Hemmungen, über die als Gruppe empfundenen neun Punkte mit dem Strich hinauszugehen. Die Punkte werden quasi als Einheit empfunden. Die Lösung aber liegt darin, dass man diese Vorstellung missachtet und mit der Linienführung über die Neuner-Konstellation der Punkte hinausgeht, um die Aufgabe zu lösen.

Lösung 1.4

Die richtige Rangreihe der statistischen Mehrheit ist
C – A – F – E – B – D

Lösung 1.5

Sie haben es sicher bemerkt:

1.	2.
Der Text ist schlecht, um nicht zu sagen: Er ist miserabel, denn er macht so ziemlich alle Fehler, die man machen kann. ⬦ Er bewertet: „mal wieder unmöglich", „ist pampig", „rotzfrech" usw. ⬦ Behauptet Ereignisse, die nicht vorkommen: „Lass das jetzt" ⬦ Gibt Eindrücke subjektiv, nicht objektiv, wieder: „lässt sich nicht beeindrucken", „sie sucht Klamauk" usw. Wir haben gar nicht alle Fehler aufgezählt. Der einzig gute Satz ist: „Gib mich dat!", denn er gibt wieder, was tatsächlich passiert ist.	Der Text ist grundsätzlich angemessen, weil er kühl aufzählt, was wo passiert.

Lösung 2.1

„Bindungspersonen" sind Menschen, die mit einem Kleinkind eine soziale Bindung oder Beziehung aufbauen. Meist sind es Mutter und Vater.

Lösung 2.2

Wie der IQ (Intelligenzquotient) das Ausmaß der Intelligenz anzeigt, zeigt der **EQ (Entwicklungsquotient)** an, wie weit ein Kind entwickelt ist. Der normale Entwicklungsstand wird mit 1.00 angegeben; 1.24 zeigt eine sehr gute Entwicklung an; 0.72 einen starken Entwicklungsrückschritt.

Lösung 2.3

Bedürfnisse erkennt man bei anderen Menschen, (a) wenn sie mit Worten geäußert werden, (b) wenn Sie in bestimmten Situationen thematisiert und besprochen werden, (c) wenn sie nicht befriedigt werden können, gibt es Äußerungen des Bedauerns, der Enttäuschung und des Unwillens.

Lösung 2.4

Als Profi akzeptiert man grundsätzlich, dass es Grundbedürfnisse und Bedürfnisse gibt. Man weiß aber auch, dass nicht immer alle Bedürfnisse gleich befriedigt werden können. Man weiß, dass es manchmal dauert, bis man Bedürfnisse befriedigen kann. Bedürfnisse zu befriedigen heißt auch: Auf den anderen in einer sozialen Situation Rücksicht zu nehmen – in einer Gruppe z. B. haben unter Umständen mehrere Kinder Hunger, sodass das einzelne Kind ein bisschen warten muss, bis das Essen für alle in der Gruppe zubereitet und aufgetragen ist. Grundsätzlich aber ist es wichtig, dass Menschen ihre zentralen Bedürfnisse irgendwann befriedigen müssen.

Lösung 2.5

Uneinheitliches Verhalten auf aggressives Verhalten ändert an der Situation in der Regel nichts. Die Kinder schauen eher danach, wie sie die Erzieherinnen gegeneinander ausspielen können.

Lösung 2.6

Den Willen eines Kindes fördert man am besten, indem man ihm die Freiheit lässt, möglichst viel selbst auszuprobieren. Ohne diese Möglichkeit, die Freiheit auszuprobieren kann man keinen Willen fördern. Schon allein unsere Wortwahl weist darauf hin: Zur Entwicklung des Willens gehört die Freiheit dessen, der den (freien) Willen entwickeln soll. Je eigenständiger sich jemand entwickelt, umso größer ist die Wahrscheinlichkeit, dass er sich seinen (freien) Willen erarbeitet.
Es gibt allerdings zum Glück auch die Möglichkeit, dass sich ein autoritär erzogener Mensch die Freiheit der Willensäußerung gegen seine Erzieher (Eltern, Lehrer) erkämpft. Das ist eine spezifisch menschliche Fähigkeit, die spätestens in der Pubertät zum Tragen kommt.

Lösung 2.7

Motivieren heißt: eine Aktivität, ein Verhalten einem Menschen als reizvoll oder erstrebens-wert darzustellen, das der Mensch aus sich heraus nicht als erstrebenswert oder reizvoll erkannt hätte. Das Motivieren muss deswegen realistisch sein, d. h. ein Verhalten muss grundsätzlich auch für den betreffenden Menschen als erstrebenswert, wichtig oder lustvoll erlebt werden können. Sonst ist der Motivierungsversuch wahrscheinlich vergeblich.

Lösung 3.1

Ein Linguist ist ein Sprachforscher.

Lösung 3.2

1. Thorsten und Pepe kommunizieren mit Worten, also verbal.
2. Marie kommuniziert mit Sophie mit Hilfe der Mimik.
3. Hannes kommuniziert mit seinem Freund Mehmet durch sein Verhalten. Mit dem Verhal-ten gibt er ihm zu verstehen: Ich will heute nichts mit Dir machen oder zu tun haben. Einfach wegzugehen, ist eine Art zu kommunizieren.

Lösung 3.3

Die Bedeutungen für Maries Weinen auf dem Schulhof:
- Ich bin jetzt sehr traurig!
- Tröstet mich keiner?
- So weit habt Ihr es gebracht, dass ich so verzweifelt bin!

Lösung 3.4

Von einem Diskussionsleiter kann man erwarten:
- Er verteilt die Wortmeldungen nach Reihenfolge und achtet auf die Einhaltung.
- Er besteht darauf, dass jeder, der etwas sagen möchte, sich meldet.
- Er achtet auf die Verständlichkeit der Beiträge und bittet gegebenenfalls um verständli-che Wiederholung der Aussage.
- Er achtet bei der Diskussion auf eine gemeinsam vereinbarte Tagesordnung.
- Er unterbindet langatmige Zwiegespräche, die den Rest der Gruppe langweilen.
- Er fasst wichtige Aspekte der Diskussion von Zeit zu Zeit zusammen.
- Er achtet darauf, dass die Diskussion zu Ergebnissen führt, die alle Beteiligten verstehen.
- Er beendet nach Rücksprache mit den Diskutierenden die Diskussion. Die Rücksprache kann zu Beginn der Diskussion, aber auch in deren Verlauf erfolgen.

Lösung 4.1

Einen sehr genauen Überblick dazu, was ein Kind zwischen der Geburt und dem vollendeten 4. Lebensjahr können soll, auch zum „Handgeschick" und zur „Körperkontrolle" bietet das Buch von E. J. Kiphard: Wie weit ist ein Kind entwickelt, Dortmund, Verlag modernes Lernen. Das Buch bietet eine große Anzahl von Tabellen über Fähigkeiten des Kindes – bezogen auf das Alter.

Lösung 4.2

Bei hyperaktiven Kindern könnte man darauf achten:
- dass sie sich an die Regeln der Gruppe halten
- dass mit ihnen mehr Sport gemacht wird, bei dem es auch um die Einhaltung von Regeln geht
- dass sie immer unterstützt und verstärkt werden, wenn sie sich ruhig mit etwas beschäftigen; sie sollen lernen, ruhiger zu sein
- dass sie für soziales Verhalten und Rücksicht Anerkennung bekommen usw.

Für Bewegungsübungen und Spiele eignet sich das Buch
Maureen Warner: **Körper und Bewegung – Spielen improvisieren erproben**, Cornelsen Scriptor Verlag, 3–6 Jahre, Berlin 2007

(Siehe auch Kapitel **5.2 Lernen am Erfolg – oder: Verstärkungslernen**)

Lösung 4.3

Praktische Literatur zur Förderung der Sprache
- Irene Yates: Sprache und Verständigung – hören, sehen, sprechen – 3–6 Jahre, Berlin, 2007, Cornelsen Scriptor Verlag
- Roger Loos: Praxisbuch Spracherwerb – Sprachförderung im Kindergarten; Bände 1–2, München, Don Bosco Verlag; 2004/2005
- Norbert Kühne: Pädagogische Praxis – Sprache fördern, Troisdorf, Bildungsverlag EINS, 2004
- In einigen umfangreicheren Büchern über Spiele für die Vorschulpädagogik finden Sie auch Sprachspiele. Sie können auch nach Büchern suchen, bei denen der Begriff „Sprachspiele" im Titel vorkommt. Achten Sie jedoch darauf, für welches Alter die Spiele angegeben sind.

Lösung 5.1

Umstände, die den Lernvorgang behindern können, sind (im Rahmen des Verstärkungslernens):
Wenn jemand keinen Spaß an einer Tätigkeit hat und/oder wenn jemand keinerlei Zuwendung (Aufmerksamkeit) von einem Erwachsenen oder Erziehendem erfährt.

Lösung 5.2

Anna hat dazugelernt, weil sie jetzt keine Angst mehr vor dem Klettergerüst hat, die sie vorher hatte. Man kann sagen:
1. Sie hat gelernt, dass Klettern Spaß macht – oder
2. Sie hat die Angst verlernt („verlernen" ist auch lernen, denn es ist eine Veränderung des Verhaltens).

Lösung 5.3

Frederik ist durch zweierlei Faktoren verstärkt worden:
1. Er hatte offensichtlich Spaß beim Spiel mit Susi (Erfolgserlebnis).
2. Susi hat sich ihm zugewendet und ihn verstärkt (Erfolgserlebnis).
So ist seine Verhaltensänderung (mit Mädchen zu spielen) leicht erklärbar.

Lösung 5.4

Was für den Fußball der Sportteil am Montag in der Zeitung ist, ist für alle Fragen der Arbeit in der Kindertagesstätte (Kita) die Internet-Seite www.kindergartenpaedagogik.de. Für alle Fragen zu Bildung und Schule ist der erste Ansprechpartner www.bildungsserver.de. Eine allererste Adresse, wenn man sich orientieren will, ist: www.wikipedia.de – dort findet man eine Art Lexikon mit einer großen Vielfalt von Begriffen.
Geben Sie bei der Google-Suche im Internet zentrale Begriffe ein, die Ihr Referat betreffen und überprüfen Sie einige angegebene Seiten. Legen Sie sich mit der Funktion „Favoriten" eine Auswahl an Seiten zu, die Sie besonders interessieren.

Lösung 6.1

Erstaunlich ist, dass Peter und Thomas offensichtlich **die gleiche Anerkennung** von der Gruppe bekommen. Das bedeutet nichts anderes als dies: Der soziale Rang (Status) von beiden scheint fast gleich hoch zu sein, obwohl Peter sich als Führer, mindestens aber als Koordinator der Gruppe fühlt. Thomas aber erhebt nicht den Anspruch, Gruppenführer zu sein. Das könnte bedeuten: Peter muss aufpassen! Er darf sich keine Blöße geben; er muss auf der Hut sein, denn Thomas könnte beim jetzigen Stand der Gruppenentwicklung jederzeit Anspruch auf die Führung der Gruppe erheben – er hätte gute Chancen, denn sein Ansehen (sein Status) ist gleich ausgeprägt wie das von Peter.

Lösung 6.2

Tabelle für den Status der verschiedenen Personen in der „Freundesgruppe am Berufskolleg":

Person/Gruppenmitglied	Anerkennung durch x Personen
Sabine	1 von Susi
Susi	1 von Sabine
Peter	3 von Susi, Michael, Nena
Michael	0
Nena	2 von Peter, Corinna
Corinna	2 von Nena, Thomas
Thomas	3 von Sabine, Susi, Corinna

Problematisch ist vor allem die Tatsache, dass Michael in der Gruppe eine schlechte Position hat, da er kaum bis keine Anerkennung in der Gruppe genießt.

Susi und **Sabine** mögen sich gegenseitig genügen, aber ihre Position in der Gruppe ist relativ schwach, zumal Sabine eine ausgeprägte Distanz zum Gruppenführer hat.

Das Ansehen von **Thomas** ist – wie bereits erwähnt – so groß wie das von **Peter**, aber er hat andererseits die größte Distanz zum Gruppenkern (Peter). Er ist sozusagen der Gegenpol zu Peter, dem Gruppenoberhaupt.

Die Wertschätzung, die **Nena** und **Corinna** entgegengebracht wird, ist offensichtlich gleich groß.

Lösung 6.3

Die **wahrscheinlichste Entscheidung** fällt für den Konzertbesuch, da Peter, Susi und Nena offensichtlich einen größeren Einfluss auf die Gruppe haben als Michael, Sabine und Corinna. Selbst wenn die anderen Gruppenmitglieder Klassenarbeiten vorschieben, hat ihr Argument nicht viel mit dem Gruppenleben zu tun. Das Argument mit dem Geld für die Eintrittsgelder wurde bisher noch nie bemüht, weil man sich dieses Geld im äußersten Fall von den Eltern oder älteren Geschwistern leihen könnte.

Lösung 6.4

Ein paar offensichtliche Konstellationen seien hervorgehoben:
Die beliebtesten Gruppenmitglieder sind eindeutig Min und Mam – sie haben beide 4 Wahlen. Das können Sie schon in der Tabelle sehen.
An Min hängt die Gruppe um Hom und Derk.
An Mam hängt die Gruppe um Sam und Posi.
Jin hängt sich an die Führungsgruppe Min und Mam, wird selbst aber nicht gewählt.
Blub hängt sich an zwei Gruppierungen: An die von Derk-Hom-Min einerseits und an Mam-Posi-Sam andererseits.
Die Positionen von Jin und Blub sind nicht günstig.

Lösung 6.5

Soziogramm-Grafik zum Stadium III der Aufzeichnungen:

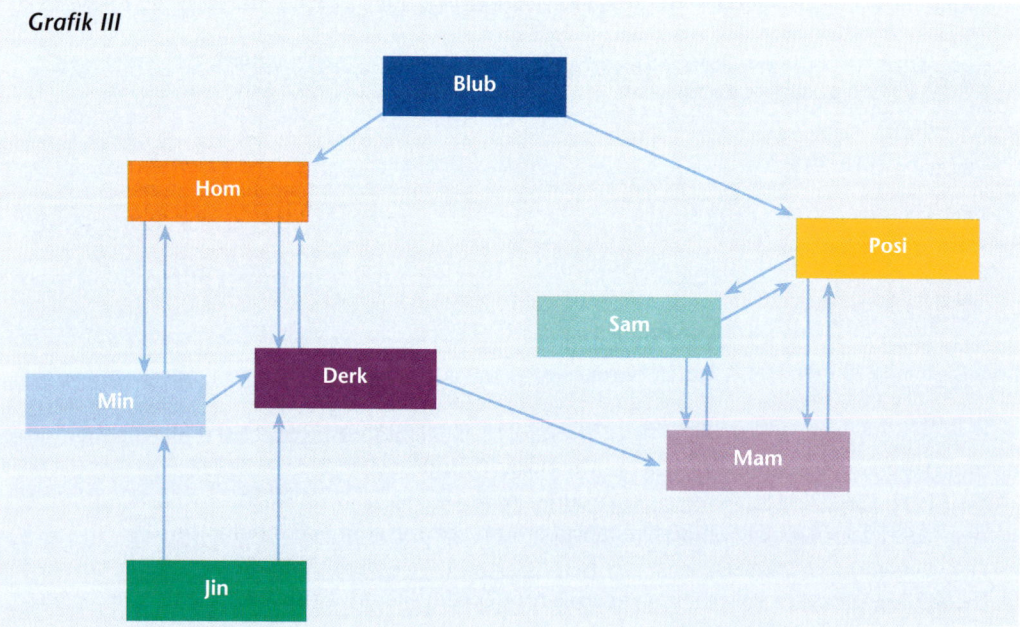

Grafik III

Lösung 6.6

Die Position von Min hat sich entscheidend verändert. Es müssen wichtige Entscheidungen in der Gruppe gefällt worden sein, dass sich die Vorrangstellung entscheidend verändert hat: Min hat zwei Wahlen eingebüßt und ist damit von der Führungsposition abgedrängt worden.

Mam büßte ebenfalls eine Wahl ein und muss sich die Vorrangstellung mit Derk, einem anderen Mitglied, teilen.

Die Gruppierungen aus dem ersten Stadium sind erhalten geblieben: Auf der einen Seite Hom-Min-Derk und auf der anderen Seite Sam-Mam-Posi.

Blub hat sich etwas umorientiert, ebenfalls Jin.

Lösung 6.7

Die **Primärgruppe (Familie)** ist die **erste** Gruppe, in die wir mit der Geburt hineinwachsen. Keine andere Gruppe ist für den Verlauf unseres Lebens so wichtig wie die Primärgruppe. In ihr lernen wir die wichtigsten Grundlagen für das Leben – ohne sie wären wir als Menschen verloren, es sei denn, es gibt einen Ersatz für sie. Die Primärgruppe pflegt uns – wir lernen in ihr, mit den Menschen und der Welt umzugehen. Nie mehr könnten wir nachholen, was wir in dieser Gruppe nicht gelernt haben.

Lösung 6.8

Interagieren = Handeln in sozialen Situationen. (**Agieren** kommt von Handeln, **inter** bedeutet zwischen – hier: unter Menschen). Interagieren ist in Psychologie, Soziologie und Pädagogik ein Fachbegriff.

Lösung 7.1

Schema für die Gegenüberstellung von Auffassungen

Auffassung der Leiterin	Auffassungen des übrigens Teams
...	...

Lösung 7.2

Die Unterschiede zwischen Jungen und Mädchen sind hier offensichtlich. Man darf andererseits den Unterschied auch nicht zu stark gewichten.

Die Mädchen wählen einen kreativen Weg der Konfliktlösung und integrieren Carmela, tendieren aber auch eher dazu, Unterstützung von der Erzieherin zu erbitten.

Die Jungen handeln hier überraschend sozial: Die Gegengruppe wird schließlich eingeladen mitzumachen. Bei den Jungen geht es sehr häufig um körperliche Auseinandersetzungen, was Erzieherinnen meist nicht gefällt. Das Verhalten muss nicht unbedingt aggressiv sein – auch das Raufen mögen Erzieherinnen in der Regel weniger gern.

In beiden Gruppen geht es um Angebote, die schließlich (innerhalb der Gruppe) auch akzeptiert werden. Bei den Jungen scheint in diesem Spiel die symbolische körperliche Auseinandersetzung eine wichtige Rolle zu spielen.

Literaturverzeichnis

Ahnert, Liselotte: Frühe Bindung – Entstehung und Entwicklung, München, Ernst Reinhardt Verlag, 2004

Arnold, Wilhelm/Eysenck, Hans Jürgen/Meili, Richard: Lexikon der Psychologie, Bände 1–3, Freiburg, Herder 1971.

Dittrich, Gisela/Dörfler, Mechthild/Schneider, Kornelia: Konflikt, Aggression, Gewalt in der Welt von Kindern unter dem Blick der Wissenschaft, Deutsches Jugendinstitut, München 1996.

Dittrich, Gisela/Dörfler, Mechthild/Schneider, Kornelia: Konflikte unter Kindern; Erzieherinnen berichten aus ihrem Alltag, Deutsches Jugendinstitut, München 1997.

Dittrich, Gisela/Dörfler, Mechthild/Schneider, Kornelia: Konflikte unter Kindern beobachten und verstehen, Deutsches Jugendinstitut, München 1998.

Döpfner, Manfred: Hyperaktivität und Impulsivität, in: Handwörterbuch Pädagogische Psychologie, hrsg. v. Detlef H. Rost, Weinheim, Beltz PVU, 2001, 2. Auflage, S. 260–267.

Dörfler, Mechthild/Rohrmann, Tim: Liebesblätter und Himmelsstürme, in: Theorie und Praxis der Sozialpädagogik, 6/2000, S. 15–16.

Fischer, Steven Roger: Eine kleine Geschichte der Sprache, Frankfurt/New York, Campus Verlag, 1999.

Hofstätter, Peter R.: Gruppendynamik – Kritik der Massenpsychologie, Reinbek, rororo Verlag 1963.

Hofstätter, Peter R.: Einführung in die Sozialpsychologie, Stuttgart, Kröner Verlag, 1973.

Jampert, Karin: Schlüsselqualifikation Sprache, Opladen, Leske + Budrich Verlag, 2002.

Kerstenbaum, Clarice J./Trautman, Paul D.: Normale Störungen und größere Probleme in der Adoleszenz, in: Handbuch Psychische Störungen, hrsg. v. Hans Ullrich Wittchen, Weinheim, Beltz PVU, 1998, 2. Auflage, S. 289–307.

Klein, Rachel G./Shaffer, David: Störungen im Schulalter, in: Handbuch Psychische Störungen, Weinheim, Beltz PVU, 1998, 2. Auflage, S. 275–288.

Kühne, Norbert u. a.: Psychologie für Fachschulen und Fachoberschulen, Köln, Stam Verlag, 1988, 4. Auflage.

Kühne, Norbert u. a.: Psychologie für Fachschulen und Fachoberschulen, Köln, Stam Verlag, 1995, 5. Auflage.

Kühne, Norbert/Harder-Kühne, Helga/Pohl, Hannelore: Pädagogik für Fachschulen, Köln, Stam Verlag, 1997.

Kühne, Norbert/Mahlmann, Regina/Wenzel, Peter: Pädagogische Praxis – Konflikte lösen, Troisdorf, Bildungsverlag EINS 2002.

Kühne, Norbert: Elternkonfliktgespräch, in: Praxisbuch Sozialpädagogik, Band 1, hrsg. v. Katrin Zimmermann-Kogel und Norbert Kühne, Troisdorf, Bildungsverlag EINS, 2005, S. 166–191.

Kühne, Norbert: Psychologie für Fachschulen und Fachoberschulen, Troisdorf, Bildungsverlag EINS, 2006, 8. Auflage.

Kühne, Norbert: Wie Kinder Sprache lernen – Grundlagen, Strategien, Bildungschancen, Darmstadt, Wissenschaftliche Buchgesellschaft, 2008, 2. Auflage.

Kühne, Norbert: Praktikantinnenbetreuung, in: Praxisbuch Sozialpädagogik Band 1, hrsg. v. Katrin Zimmermann-Kogel und Norbert Kühne, Troisdorf, Bildungsverlag EINS, 2005, 2. Auflage, S. 119–146.

Löwe, Hans: Einführung in die Lernpsychologie des Erwachsenenalters, Berlin, VEB Deutscher Verlag der Wissenschaften, 1975, 6. Auflage.

Lohaus, Arnold/Ball, Juliane/Lißmann, Ilka: Frühe Eltern–Kind–Interaktion; in: Frühe Bindung – Entstehung und Entwicklung, hrsg. v. Lieselotte Ahnert, München, Ernst Reinhardt Verlag, 2004, S. 147–161.

Mann, Leon: Sozialpsychologie, Weinheim, Klett Verlag, 1991, 9. Auflage.

Meyers Kleines Lexikon Psychologie, Bibliographisches Institut Mannheim/Wien/Zürich, 1986.

Montada, Leo: Fragen, Konzepte, Perspektiven, in: Entwicklungspsychologie, hrsg. v. Rolf Oerter und Leo Montada, Weinheim, Beltz PVU, 2002, S. 3–15.

Nienhaus, Lisa/Hergert, Stefanie: Schönheit macht erfolgreich, Frankfurter Allgemeine Sonntagszeitung, 13.01.2006, S. 36.

Oerter, Rolf: Moderne Entwicklungspsychologie, Donauwörth, Psychologie Verlag Union 1982.

Papousek, Mechthild: Vom ersten Schrei zum ersten Wort – Anfänge der Sprachentwicklung in der vorsprachlichen Kommunikation, Verlag Hans Huber, Bern, 1994.

Rogge, Jan Uwe: Die Gefahr des Bösen, die Lust am Bösen, in: Mediale Gewalt – Eine reale Bedrohung für Kinder, Bielefeld, AJZ-Druck & Verlag (GMK), 2000, S. 208 ff.

Sader, Manfred: Phychologie der Gruppe, München Juwenta-Verlag, 1976.

Schneider, Wolfgang: Förderung der sprachlichen Bewusstheit im frühen Kindesalter, in: Weltwunder Sprache, 10. Würzburger Symposion, S. 147–166, Klett Verlag, Stuttgart/ Düsseldorf/Leipzig 2000.

Schulz von Thun, Friedemann: Miteinander reden 1 – Störungen und Klärungen, Reinbek, rororo, 1998.

Schwäbisch, Lutz/Siems, Martin: Anleitung zum sozialen Lernen für Paare, Gruppen und Erzieher – Kommunikations- und Verhaltenstraining, Reinbek, rororo, 1974.

Searle, John A.: Geist, Sprache und Gesellschaft, Darmstadt, Wissenschaftliche Buchgesellschaft, 2001.

Slater, Lauren: Von Menschen und Ratten: die berühmtesten Experimente der Psychologie, übersetzt von Andreas Nohl, Weinheim: Beltz, 2005.

Spitz, René A.: Hospitalismus I/Hospitalismus II, in: Erziehung in früher Kindheit – überarbeitete Neuausgabe, hrsg. v. Günther Bittner und Edda Harms, München, Piper Verlag, 1985, S. 89–116.

Strätz, Rainer: Die Kindergruppe. Soziales Verhalten 3–5-jähriger Kinder (Schriften- und Medienreihe des Sozialpädagogischen Instituts Nr. 15), Köln, Kohlhammer Verlag 1992.

Tausch, Annemarie und Reinhard: Gesprächspsychotherapie, Göttingen, Hogrefe Verlag, 1981.

Trapmann, Hilde/Liebetrau, Gerhard/Rotthaus, Wilhelm: Auffälliges Verhalten im Kindesalter, 2. Auflage, Dortmund, modernes lernen, 1971.

Wahrig, Gerhard: Wörterbuch der deutschen Sprache, München, dtv Taschenbuch Verlag, 1978.

Wasserman, Gail A.: Entwicklungsstörungen und häufige psychische Probleme und Verhaltensauffälligkeiten von Vorschulkindern, in: Handbuch Psychische Störungen, hrsg. v. Hans-Ullrich Wittchen, Weinheim, Beltz PVU, 1998, 2. Auflage, S. 255–274.

Wygotsky, Lew: Ausgewählte Schriften, Band 2, Köln, Pahl-Rugenstein 1987.

Zimmer, Renate: Handbuch der Sinneswahrnehmung – Grundlagen einer ganzheitlichen Erziehung, Freiburg, Herder 2001, 9. Auflage.

Bildquellenverzeichnis

Sachwortverzeichnis